27場送行

郭志祥、吳倪冬月——著
葉小歐——撰文

無償安葬弱勢孤貧
從21年的告別裡
學習最溫暖的人生功課

【目錄】

第二章

9場送行：生命的陰暗面

第三章

10場送行：好好說再見

推薦序

陪無依者走完人生最後一里路

李盈姿◎社團法人台灣芒草心慈善協會祕書長

一口氣看完這二十七個故事是在初夏一個下過雨、暑氣稍退的午夜。此刻心情是複雜的，交織著悲涼、感慨、不捨、無奈，卻又帶著一絲暖意。雖然感傷一個個無主或無依的逝者孤單地離開人世，但心裡對於郭師兄（從以前就一直這麼稱呼他）及其團隊的歎服，只有「功德無量」四個字可以形容，雖然俗套，但又覺得難以表達千萬分之一。

「從搖籃到墳墓」指的是全程照顧的社會福利。我初入職場的工作場域在亞東醫院，剛好可以看到人從出生到死亡，社工在各個階段如何發揮助人工作。而我和郭師兄及善願愛心協會的淵源就從這裡開始，之後更隨著工作的轉換，讓這個緣分一直延伸。

其實已經忘記第一個轉介給善願的個案是什麼樣的故事，依稀記得當時低收入戶的案妻在醫院太平間面對先生的遺體時發呆放空，之後低聲告訴我，他們無力負擔接下來辦後事的費用，希望能用最簡單的方式處理，把相關費用減到最低。院內資深社工建議我可以找善願愛心協會來協助免費殮葬，當時覺得不可置信，會有人願意提供完全免費的殮葬嗎？在半信半疑的情況下打了郭師兄的電話，之後看著案家只要準備往生者的衣物、相片，在告別式的時間出現致意，在沒有經濟負擔及時間壓力的情況下，讓一場原本可能寒傖的葬禮，辦得簡單又莊嚴。事後案家來道謝，謝謝社工為他們找了這麼一個協助單位，讓逝者體面有尊嚴地離開，讓生者安心無遺憾地面對未來。

除了經濟困難的案家之外，器官捐贈者因遺愛人間，也能享有善願的服務。之後無數次的轉介，包括客死異鄉的外籍人士、沒有任何資源的逃逸移工、榮民的大陸籍配偶、無家可歸的遊民……每個逝去的生命不分身分貴賤，都可以在善願志工團的協助下得到安息。

之後我的工作轉換到遊民領域，這群長久缺乏社會連結的人們走到人生的最後一步，常常已經是家屬避之唯恐不及的狀態。有些家屬尚且願意出面為他們做這最後一件事，也有些家屬或許礙於經濟壓力，或許礙於積累已久的恩怨，不願出面。有位遊民老李因為曾對婚姻不忠、未善盡家庭責任，當他重病時，我們聯繫到前妻及子女，當時他的兒子惡狠狠地嗆聲：「作為他的兒子我沒辦法選擇，但我可以選擇老死不相往來，等他辦後事再來找我吧。」但即便是這樣，老李的兒子還是食言了，老李病逝時，兒子避不見面，硬是讓老李在醫院太平間躺了超過一個月，最後在警員、里長的幫助下找到人，他才吐露有經濟困難，最後也是經由善願志工們的協助，讓老李在兒子的陪伴下走完人生最後一程。

雖說是「從搖籃到墳墓」，但在台灣社工人力普遍不足的情況下，我們光是照顧人「生前」種種，就已經心力交瘁，服務對象的身後事通常只能儘量做到資源連結，很難再細緻地顧及到小細節。在郭師兄陳述的故事中，我看到很難能可貴的社工，關注到逝者想要回歸故鄉的願望，想盡一切方法為其達成心願。這已超出工作範疇，盡顯人性的良善。而善願志工團隊的夥伴們更在既定的喪葬儀式外，圓滿了更多逝者的遺願、完成了家屬的託付，三千次的送行並不僅僅是完成儀式而已，更是無我的投入，只求讓生死兩相安。願這樣無私付出的精神透過這本書，讓更多人看見。

來自各界的療癒推薦

宋賢儀（臺大醫院社會工作室主任）

作者以質樸真誠的文字娓娓道來27場送行背後的故事，讓人性的善躍然紙上，讀來真實且有力量。

夏樹（作家、社會工作者）

不僅是義行，不只是善念，27個送行故事，如霧如電，如滄海一粟，盡是對世情的覷探，向眾生的提問，與生命的對話。不捨不忍，無來無去，唯有溫柔以對，低眉沉吟了。

彭懷真（東海大學社工系副教授）

愈來愈多的人，在愈來愈無緣的社會結束了肉身的氣息後，軀體卻仍然存在，沒有消失，只是無處可去，停留在這世上。

日後，送行者的善行將被更殷切地需要。醫療體系需要這份超越了無緣冷酷的大愛，以及它所提供的，無償安葬的服務。

還好，社工可以打電話求助，還好，逝去的人能因此安息。還好，在人們最不想去的地方，有最感人的故事。

楊運生（台北市資深遊民外展服務社工員、台灣芒草心慈善協會前任祕書長）

在台北市從事遊民的外展工作的日子裡，善願愛心協會服務的本質與內容，讓我在輔導遊民的工作上，有了一個很可以信賴的服務夥伴。

有時在協助遊民租屋，幫助他們準備成為居民時，我會請善願的志工們前去關懷訪視，並給予個案實質上的協助，讓簡陋的雅房、封閉的心房，都同時可以獲得改善。

當貧苦孤寂的居民，不幸要跟世間告別的時候，善願的志工們也會以最莊嚴、慎重的心情與儀式，陪他們走完人世間最後的一里路。

善願愛心協會長期以來一直在默默協助窮苦弱勢的個案，所以不論是醫院的社工還是社區的社工，不分政府部門還是民間單位，大多已經跟善願建立了良好互動模式，也很高興能有這本書的出版，讓更多人能認識善願，然後加入善願。

蔡昌雄（南華大學生死學系助理教授）

這是一本記錄善願愛心協會志工二十年來協助孤貧人士料理身後事的書籍。讀之既令人感動、又發人深省。這些默默行善志工的義舉，與《無人參加的告別式》這部電影有異曲同工的特質，都是人性光輝至高的流露。

自序
社會人心

◎郭志祥

星期天早上，我們照例在台北中山女高門口及台中豐樂公園活動中心前集合。從一九九七年開始，至今持續了二十一個年頭，二〇〇一年起大台中志工加入體驗行善行列，至今始終風雨無阻。除非因為颱風而停班停課，否則無論是過年，還是國定假日，永遠都可以看到我們這群志工團隊的身影。

我在一九九六年三十五歲時成立了「中華民國善願愛心協會」，旨在服務弱勢，後來志同道合的人越來越多，包括這本書的另一位作者吳倪冬月女士。而從一九九九年，我們更進一步開始提供弱勢免費殯葬專案，直到現在。

＊＊＊

創辦善願愛心協會是我人生旅途的「意內」，這一切都是從我學生時代人生旅途的一場意外開始。當時我念私立淡水工商管理專科學校三專觀光系（真理大學前身）時，有位林同學因家境清寒，必須在餐廳打工，他因為長時間上下搬運啤酒太過操勞，導致胃穿孔而送醫住院，但卻籌不到醫藥費，是我幫他進行了一場「同學之愛」活動，「發動班上同學派建築海報賺取勞務工資」，協助他籌得住院治療的費用。

這個「意外」，讓我感受到幫助同學的成就感，相當快樂，也讓我心生行善之心，成了日後成立善願的源頭。

＊＊＊

最開始的行善活動是從探訪需要被幫助的人開始，我利用工作閒暇之餘，召集理念相同的有志之士，每三至五人編成一組，憑一己之力直接捐助給弱勢者，協會不經手。

我們不接受捐款，重視最直接的行善體驗，因為相信親身參與不僅感受更深刻，也能夠讓善念更真實地擴散。因此，我們選定星期天早上在中山女高門口及台中豐樂公園活動中心前集合（當時還沒實施週休二日），不用事先報名，新志工只要填妥入會申請書即可，想來就來，只要有意願，大家都可以一起去做好事。

為什麼會選在中山女高集合呢？因為這裡是台北市的中心，從這個中心劃出半徑，無論從南到北都可以順利同時地抵達。也有不少朋友問我：「為什麼會選在週日這個闔家歡樂的日子來進行行善營的活動呢？」其實是來自於當兵時大家耳熟能詳的一句話：「在鄉為良民，在營為良兵」，我相信若能如此，則國富民強。如果週一到週六，我們是社會中堅分子，在每個工作崗位上貢獻心力，那麼週日則是我們共同來行善扶助案家的日子，如此，則社會必然和諧。

而在這些歲月裡，陸續加入了許多一起行善的好夥伴，包括執行長吳倪冬月女士。雖然她自謙只是一介女子，但平日一婦當關，當SARS爆發時，她就在殯儀館內，拿著手機、口罩也不戴，勇猛地處理站在路中協調停車事宜，平時也靠她處理各種大小事。而前副會長鄭勝勳先生在自己人生的最後時刻，依然熱心行善，穿梭在殯儀館忙裡忙外，看到他生命倒數的背影，益發彰顯人性光輝。

＊＊＊

在探訪的過程中，我們深深體會到，許多弱勢家庭所需要的支援其實包含了「殯葬」。華人相信「死者為大」，即使再窮困，也會想方設法，讓親人可以一路好走，可是過往的喪葬禮俗通常所費不貲，因此喪葬費用就成了壓垮在世者的最後一根稻草。也因為這樣，於是我們開始推出免費殯葬專案，一路走來，也超過了二十年的時間，這其中服務的對象包含了外國人、相隔數十年才找到回家路的人，甚至是不知道名姓的無名屍。

這二十一年來，我們經手了約三千個案件，聽了約三千個故事。其中有些人從低谷重新開始，找到人生希望；當然，也有些人仍舊在黑暗的道路中漫步。更有些人的生命至今仍風雨飄搖，因為沒有傘而必須倉皇奔走。這些生命，都渴望著能有早日放晴的一天。

而這本書收錄了其中讓我們印象最深刻的二十七則故事，有許多個案，現在也成為我們善願愛心協會的好朋友或志工，星期天也時常會出現在中山女高門口，每次見到他們來幫助其他個案的身影，都讓人好生歡喜。

＊＊＊

做善事不難，但要讓人相信此舉是出自純然不求回報的善念，有時卻很困難，尤其是「免費殯葬服務」，每個人乍聽都覺得一定是詐騙手法。很多人會覺得我們傻，淨做些吃力不討好的事，舉例來說好了，為什麼要送無名屍回家？少數個案根本連他們自己的家人都不在乎了。但我們真正想傳達的是，每個人都可以有尊嚴地走向人生最後一里路，無論你相不相信有來生。

每個故事的主人翁，最後都像我們人生某個時刻的重要朋友，感動落淚有時，氣憤不捨也有時。像是好不容易有了翻身機會，卻依然白白浪費掉的樂透頭彩得主，舉家燒炭自殺、好在救回一命之後重新振作的小蘭家人，還有SARS期間衝進和平醫院的驚險時刻……在這些經歷中，我們看到了何謂鶼鰈情深，何謂禍福與共，何謂道義。在這些案主的人生故事裡，我們雖然不是陪伴最久的，但我們儘可能與他們站在一起，提供情緒支持到最後，不離不棄。

這些案主，都是我們人生智慧的導師，他們用自身的故事讓我們去體會、去理解，這世界有許多我們未曾看過的角落，讓我們在協助的過程中，更懂得珍惜真善美。

而所有善願愛心協會的志工，無論是在酷冷或炎熱的天氣裡，都用行動支持，表達與弱勢站在一起的意願，令人感動，也讓我和吳倪冬月女士銘感於心。

＊＊＊

寫這本書的目的，並不是為了要宣揚自己做了多少好事，更不是要大家一定要來參與善願體驗營的活動，而是希望讀者能從這些故事裡，感受到世間的純善之意，或者從主角們的人生經歷中，更懂得惜福、愛家人、把握生命每個機會，同時把那樣的精神傳遞下去，而非在媒體資訊爆炸、充滿惡意的現代，遺忘了在這世界漸漸缺失的善意跟美好。

善願愛心協會的名字，背後是有含意的：「善」的定義是協助者與被協助者之間最美的互動，透過志工行善讓弱勢者得到扶助，使他們有機會面對未來重新出發，而志工也因為親力親為有了故事畫面，可以傳送出去，擴大社會學習機會。雙方在互動過程裡，也無形促成了善的循環；「願」字的定義就是代表著社會道德、社會秩序、社會治安、社會風氣，簡單地說，「就是社會人心」。志工都帶著恭敬的心，用最自然的心態訪視與關懷扶助弱勢家庭，藉著行善的觸媒，展現教育功能，淨化社會人心，有助社會和諧，這就是「善願」兩字的註解。

我們衷心希望這本書能讓大家感受到生命的希望與光彩，還有真實的暖意。用善意跟善念讓幸福平安陪您每一天，然後拋磚引玉、幫助更多有實際需要的弱勢者，使得這世界不再只是被慾望跟痛苦所包圍，善，其實「無所不在」。

第一章

8場送行：回家路

第1場送行

二十年的漫長回家路

時間：1999年

貝蒂在遇見我們之前，已經在醫院太平間的冷藏室裡「住」了超過一年的時間了。

不，或者更正確地說，其實是我們遇見了她。我一直認為，貝蒂是我的貴人，若不是因為她，我就不會成立協會，如今我們就無法幫助到這麼多家庭或迷失的旅人，送他們好好地、舒適地走上最後一程；如果不是她，接下來的這些故事，都不會開始了。

這位有著美國身軀、華人靈魂，始終渴望尋根返鄉的女子，看似藉由我們的幫助讓客死異鄉的她走上返鄉之路，但也是她，幫助我們開啟了之後這一趟趟，雖然漫長卻充滿溫暖的「最後一程」。

華人深信「死者為大」，一場普通的喪事，辦完往往十幾二十萬跑不掉，而且就習俗來說，好好送走至親最後一程，更是身為子女父母應盡的責任與義務。因此許多人就因為這最後的一程，成了被留下的親人最沉重的負擔，尤其假若家人原先就過著拮据的生活，又憑空多了數十萬的債務，在悲痛親人離世之際，更是一重大打擊。就因為如此，讓我在協助弱勢家庭多年後，也興起了免費協助辦理殮葬的念頭。

只可惜我這椿美意，頭半年，並不如我想像得順遂。主要是因為，在華人保守的觀念中，要仰賴別人幫助完成喪事是不孝的、抬不起頭的。因此多數弱勢家庭寧可跟周遭親友或錢莊借錢，平添自己更多的負擔，也拉不下臉來接受我們的援手，大部分人多是婉拒。

約過了半年的時間，或許上蒼有感受到我們的誠意跟決心，某天下午醫院的社工突然來電告訴我貝蒂的故事。我從來也都沒有想過，這件事的起點竟會是從一個外國人開始。

在我們接受這案件之前，貝蒂已經在醫院太平間的冷藏室住了超過一年。住在美國紐奧爾良、高齡七十九歲的貝蒂，她一直堅信自己的前世是中國人，也因如此，當她得知自己罹患乳癌並已多處轉移後，決心來亞洲開啟她的尋根之旅。可惜的是，才與旅伴雷諾從曼谷來到台灣的第三天，貝蒂就在中正紀念堂因氣喘發作昏迷而失去意識，被送去了醫院急救。

氣切搶救成功的她，恢復意識後，顫抖地寫下了她最後的願望「Go Home」，沒多久，便又再度失去意識。而她的旅伴雷諾，卻因為身上的盤纏已經花光，不得已只好返回美國，甚至連貝蒂在美國的家人，也未曾跟醫院聯繫過，在這段期間只有她一位住在菲律賓的義女，託人寄了個天使雕像過來而已。對於貝蒂，我們所知道的，就僅僅只有這樣了。

在貝蒂生病的期間，醫院和社工人員也想過要讓貝蒂搭飛機回美國，不過一來航空公司深怕在漫長的旅途中發生意外，二來醫療專機也所費不貲，只好作罷。無依無靠、因缺氧陷入昏迷的貝蒂，就這樣孤寂地在醫院昏迷了一年多，最後積欠了兩百五十多萬的醫藥費辭世。聯繫了北美事務協調委員會（現「美國在台協會」），他們也僅表示：「我們無權處理在海外死亡之美國人民遺體，且無法洽商他人願意支付其喪葬費用，但會再努力尋找家屬。」

在過世後，醫院保留了她的遺體一年多，希望有人來認領，不過，卻始終沒有任何一點消息。為了這件事，我們也得到了善心人的幫助，在美國登報三個月，並在登報啟事上承諾貝蒂的家人我們願意支付來回機票，希望他們不要感到有負擔，能夠主動來連繫我們。

大體留在醫院是小事，但貝蒂「Go Home」的心願無法了卻，才是我們心中最最不忍的。

基於同理，我們當然日夜期盼著她的家人能來接她回家，但就連她的旅伴雷諾也不再捎來任何消息。這幾年背包客盛行，許多年輕人常在網路上或同好圈中結伴出遊，也許貝蒂跟雷諾其實就只是兩個結伴出遊的銀髮背包客，彼此並無深交；也或者有可能是因信仰禮俗的不同，對多數不相信輪迴轉世的美國人而言，離世就代表了告別，不像我們華人對於最後一程如此看重。

始終想幫人走完最後一程卻無法達成的我們，以及想要回家卻始終回不了家的貝蒂，就在這機緣巧合下相遇了。

因此，當北美事務協調委員會發函告知希望能讓貝蒂以台灣居民身分辦理後事時，社工跟醫院也清楚，這樁憾事，確實該告一段落。因此，當社工致電給我時，即使根本就不熟悉殯葬事務，但我心裡頭「即使邊做邊學也一定要把這件事做完」的意念，卻很堅定。我們要讓相信輪迴轉世的貝蒂老太太，靈魂可以找到回家的路去轉世投胎。

不過答應要協助辦喪禮後，緊接著，難題就來了。貝蒂老太太是位基督徒，但又相信自己前世是中國人，既然信基督卻又相信輪迴轉世，該辦怎樣的葬禮，這可真是難倒我了。左思右想後，協會決定不如就幫她辦一場中西合併的喪禮。於是我們請來了有治喪經驗的朋友，號召各處的志工，大家開始有錢出錢、有力出力，設了靈堂、折了紙蓮花，最後在大體上多覆蓋了一件基督教特有的袍子。只要有誠心都是好的，無須拘泥於繁文縟節的規矩，爾後這也成了我們治喪的原則。

當然其中也有一些志工不能理解，為什麼要做這件事？辦喪事這麼觸霉頭不吉利的事情，到底為什麼非做不可呢？可對我而言，善心其實是沒有差別的，這不單單只是幫助貝蒂找到回家的路，更是讓許多弱勢家庭不要因為孝心而造成自身更大的負擔。

「看見大體怕不怕？」事後曾有人這樣問我。當時才三十九歲的我，幾乎沒有見過什麼屍體。說實話，並不是我膽子特別大，當天只是因為緊張到忘記害怕而已。我緊張到當醫護人員從冷藏櫃裡拉出貝蒂、屍袋的拉鍊「刷」地打開，看著她那灰色、鬆軟，幾乎無肌肉結締組織，就如同電影中常見到的屍體時，我完全無法產生任何不舒服或者奇異的感覺。

我手執銅板筊杯念念有詞，呼喊貝蒂回家。

擲出第一個允杯，然後接著兩個、三個，過程非常順利，我知道，貝蒂同意我們帶她走了。為了不讓她孤單，我還特地找來二十幾個親朋好友參加喪禮，只希望她這趟漫長的回家路能走得熱熱鬧鬧，一點也不孤單。

辦喪禮，一切儀式都以尊重死者為優先。無論他們的信仰是什麼，最重要的，都是讓他們安心好走。前後大概十天的時間，做完了頭、尾七，舉行完這場中西合併的喪禮後，我們的第一個案件完成了。

不過這個案件，即使到今日，在我心中都還感到尚未完結。葬禮結束後，我們將貝蒂火化，然後安奉在台北富德公墓的靈骨塔。至今我都仍然希望她能真正回到美國的家，可二十年過去了，始終沒有任何消息。

最後，我只能換個方向想，告訴自己，若不侷限於我們華人的傳統家庭觀念，那麼，堅信自己前世是中國人的貝蒂，某個程度上，也已經回家了。

一場送行的體悟：

許多人忌諱喪禮、害怕死亡，但其實它不過只是人生裡頭，必經的一段過程而已。佛家說：「日日是好日，時時是好時。」也正是說明了心境的重要，他鄉也可轉換成故鄉。死者為大，只要懷抱著敬意與誠心，便無所懼。

第2場送行

英雄送行

時間：2003年

「瘟疫，百年才會發生一次！雖然這是負面、很令人難受的悲劇，但在此時若能幫助到需要的人，也是一種福報。」

在人心惶惶、兵荒馬亂的時刻，本會訪貧執行長林崇堯大哥的這句話無疑是一顆定心丸，不只讓我的心情更加安穩，也更有力量。

自從成立協會以來，我們送走過許多的人，但十五年前因SARS（嚴重急性呼吸道症候群）而過世的這些亡者，是印象最深刻的其中一件。

其實，比起疾病本身，更無法控制，甚至更為嚴重的是恐懼。對未知的恐懼往往會放大事情本身的嚴重程度、左右我們的理智，接著再延伸出許多負面情緒，不但會影響我們去探索真相，更可能會誘發出許多意想不到的惡意。

而SARS就引起了這樣的恐慌！

二〇〇三年是台灣初次遇到這樣大型的感染疾病，該怎麼面對、處理，無論對醫護人員、政府單位，社政機構及慈善團體，都不失為一個重大學習的機會，每個人都需要「從錯誤中學習、從經驗中複習」。

在當時，要做每個決定都是分秒必爭，該如何不擴大疫情，又能夠給病患適當的照護，並在面對媒體滴水不漏的包圍跟全國人民緊張關注下，做出正確的回應，時時刻刻都是新的考驗。對抗的不只是可怕疾病，更多的是恐懼的人心。

就因為死因是令人聞風喪膽的傳染疾病，也更因為在未知的恐懼臆測渲染之下，幾乎沒有一家殯葬業者願意接手罹難者的後事，而少數肯接手的，則是漫天喊價，費用甚至到了平日的十幾倍不等！這些眷屬除了要承受突如其來的意外，緊接著還要面對高額的費用，在與政府尋求幫助之後，輾轉來到了我們這裡。

當時，恰巧有位志工夥伴、協會訪貧執行長林崇堯大哥在已經被封鎖的和平醫院內擔任志工，於是我打了電話給在醫院內部的他詢問狀況。

「你會不會怕？」有人這樣問我。

「當然會怕。」

畢竟當時傳出消息，加拿大有工作人員及家屬在處理遺體時，因程序不當而感染SARS身亡。但若我們不能挺身而出，又有誰能呢？當時情況緊急到我無法多加思索，須臾都是人命交關的事，於是我答應了這項請求。心裡只能樂觀地想著，如今各國已經陸續出現案例，大家一定會更清楚如何好好做好防護措施，是吧？我想，我們只要秉持著謹慎、負責、仔細、小心，懷抱著善念去做即可，其餘的就交給上蒼吧。

掛掉電話後，我立即與幾位願意一同前往的志工人員，帶著棺木，直奔和平醫院。

夜晚的醫院燈火通明，原本灰色的樓房外牆，被燈光照耀得像是白日一般，而燈光下方則是成排的宗教團體、社政單位的救難帳篷，與一片黑壓壓的人群，家屬、媒體、SNG車、志工……現場混亂成一片。那股詭譎而戚惶的氛圍，讓人不免心驚。

晚上七點多抵達醫院時，最先蜂湧而上的是死者劉姓看護工及林姓洗衣工的家屬，這些家屬當天雖然可以出來討論喪葬事宜，但緊接著就被工作人員請回家隔離。在毫無經驗「邊做邊學」的狀態下，所有的防護措施跟防堵措施，是隨時隨地在更新。

接著，一進入醫院前進指揮中心，我們就先收到門口法鼓山跟慈濟功德會的志工們趕忙送上的N95口罩，以及大悲咒水，醫院人員也立刻將隔離衣往我們身上套。在不算炎熱的四月天裡，卻因為情緒緊繃、刺眼灼熱的燈光，還有嗡嗡作響的鼎沸人聲，我渾身大汗，頗有「風蕭蕭兮易水寒、壯士一去兮不復還」的心境。

而原本習以為常的大體運送工作，從檢核到送出火化，整整花了四個多小時，是平常時間的十倍。大體更是共裝了五層，屍袋經過了一次又一次的消毒，大體消毒完後封上屍袋，屍袋又繼續消毒，然後同樣程序再重複數次。再來則是裝進棺木，立刻送到殯儀館，直接火化，只怕稍微多拖一刻鐘，就多了幾分病菌擴散的風險。

這些有別於先前一般殯葬程序的處理方式，其實真正的目的都是要消弭恐懼——人們內心的恐懼！

抵達殯儀館時，一聲「SARS病故者來了！」周圍立刻就清空，就連在殯儀館做七守夜的家屬，收到消息後也紛紛走避，方圓十公尺內都不見人影，我們在偌大的殯儀館中，通行無阻。

說來好笑又悲哀，SARS似乎就像光從嘴巴說出來就會傳染似的，人人聞之色變，倉皇逃離。

整座殯儀館像是一座空城，只剩下我們的志工與工作人員待在火爐旁等著。

我看著一位同仁站在那裡，連口罩也沒戴，便過去關心。然而沒想到，她卻只是在思考著一切都順利嗎？每個人都好嗎？頓時間，我彷彿也被她的勇氣感染了。突然我便更加深信，在這趟抗SARS的路上，我們一定要幫助更多需要的人，不要被無形的恐懼打倒。

可是回到家後，一打開電視，末世般的恐慌氣氛立刻襲捲而來，分分秒秒之間，依舊是鋪天蓋地的SARS新聞持續播送，而死亡人數也正不斷攀升！而在同樣混亂的電視分割畫面中，我突然瞥見一條訊息，原來，稍早身上那件看似銅牆鐵壁的防護衣物，其實不過是五百元一件的普通隔離衣，隔離效果極其有限，而提供給我們的N95口罩，竟然，是仿冒品……新聞跑馬燈持續在跑。想起與我一同衝鋒陷陣、卻渾不知深陷多大險境的志工夥伴們，我愣在了電視機前。

看著這條新聞，我啞然失聲，久久不能思考，但稍一喘口氣，又想起方才火爐前同仁的堅毅身影。這陣子每天都有各種傳聞、各種危險，真真假假沒人知道，人們有各種揣測，卻只是平添恐慌而已。我告訴自己，我已經做了我能做的事了，其他的，就不必多煩憂。這麼一想，突然也就心靜不少了。

我們是第一組協助處理弱勢ＳＡＲＳ病故者的團體，而在第一具遺體緊急送去焚化之後，我們陸陸續續也幫助了其他六位因ＳＡＲＳ死亡的貧困家庭，送死者最後一程。而我們有位志工周太太更自掏腰包致贈每一家屬五萬元慰問金。

也許就是因為我們這勇猛的開路先鋒，也感動了其他殯葬業者，數日之後，其他幾家善心業者就跟市府達成協議，用統一價格，結束了之前那些漫天喊價，讓家屬連好好送亡者最後一程都無法如願的惡夢，正式劃下句點。

ＳＡＲＳ疫情爆發至今十五年了。每次搭車經過和平醫院時，仍舊會想起當時與會人員的每張臉孔，還有他們在院內院外充斥著惶恐不安的情緒之下，卻又希望能夠盡全力把問題解決的樣子。

面對恐懼，人能夠做到最多的，或許是正氣、勇敢。至今，我仍很慶幸，當下我做出了一個「雖有一點生命風險」、但盡一己之力，終於成功的決定。

一場送行的體悟：

在資訊爆炸的世代，唯有保持冷靜跟秉持著考證的精神，才能找出最正確的解決之道。抗SARS期間，雖然媒體眾說紛紜的報導，造成了民眾不安，如同現在，也總有太多即時新聞的曝光或爆料，讓我們應接不暇，一不小心就慌了手腳，但最重要的還是要如何在面對問題時，不先被恐懼擊倒，而去理解要怎麼處理問題跟自我保護。

SARS雖然是憾事，但那個當下，對未來的我們而言，卻是很重要的一刻。在那段期間，我們看到了很多悲傷跟惶恐的臉，但也收到了很多堅定的勇氣與力量，願你我都不要忘記SARS替我們上的一課，也永遠記得和平醫院的這些英雄。

第3場送行

美國喇嘛

日期：2008年

「明明都是修佛之人，為何不能幫這個忙呢？我們有什麼不同？」大衛的教友不解地詢問著。

之所以會有這樣的疑惑，是因為身為藏傳佛教信徒的他們，直到大衛往生那天，都不能理解為何強調慈悲為懷的佛教團體醫院，頻頻對他們說，必須是自己團體內的僧侶才能得到幫助，無法對信仰藏傳佛教的他們伸出援手。

可是，大衛其實也是修行之人啊，兩者並無差別。

聽到這樣的疑惑，我們也只能苦笑著安慰他們。但某方面來說，其實也能理解醫院的立場。因為世上要幫助的人太多了，所以只能設定一些章程條例，盡自己能力所及去做，慈善單位的規範確實要設定清楚，才能真正有效到位。就連我們協助弱勢也是一樣，有自己的規範。要有明確的流程規則，才可以減少紛爭，讓事情進行得更有效率；但也不諱言，有時候的確會多少有些限制，造成一些憾事。

而大衛是怎麼輾轉來到這裡，與我們展開這段陰陽兩隔的緣分呢？

大衛是一個道地的美國人，碩士畢業，原先在美國亞利桑納州擔任心理諮商師，退休後，每個月還能領取七百塊美元的退休金，於是他就靠著這筆錢，投入了藏傳佛教修行，受教於美國的達欽上師。

在二〇〇一年時，大衛前往印度措貝瑪聖地修行，成為帶髮修行的僧侶。數年過後，他結識了董瑟．格拉多傑仁波切，就隨著仁波切造訪不丹，到各中心參加弘法活動。

只是沒想到，才剛回到印度，大衛便發現自己罹患了大腸癌。在德里開刀化療後，上師對他多番照料，讓他居住在他的住所，希望他能日漸好轉。

然而病情並沒有因此抑制根治，大衛仍必須要持續治療。正當他在為大筆的醫療金額煩惱時，聽到同樣修佛的朋友說，台灣有間佛教團體的醫院，可以幫助出家僧侶做免費的治療。於是在二〇〇八年的時候，大衛輾轉來到台灣尋求幫助，渴求能獲得更完善的照護。

可沒想到一抵達台灣後，大衛隨即發現事情跟他想像的不太一樣。

首先，雖然他隨著仁波切四處修行，但他並非所謂的出家僧侶，按照醫院的標準，只能算藏傳佛教共修士，跟一般佛教徒還是有差異，因此並沒有辦法獲得醫療支援。唯一的好處在於能夠減免少許的部分費用，而這是由於他已經年過七十，因此院方可以給予九折的優惠。

可是一個月領七百美元退休金的人，根本無法支付每日一萬多的醫藥費，甚至就連生活，他都是靠台灣同修藏傳佛教的同伴幫忙資助住宿與生活費，才能勉強度日。即使後來看病的醫藥費，也多靠著大家四處張羅而來。

四月時抱著一絲希望來台的他，才過了四個月，病情就更加惡化，一發不可收拾。不但腹部疼痛、血尿，更演變到胰臟發炎、膽管阻塞，醫院建議他做膽囊支架手術，並且委婉建議他去其他醫院尋求扶助，比較適合。大衛求救無門，最後輾轉被送到了一間基督教醫院。

無法在佛教醫院獲得協助，卻意外地在不同宗教信仰的醫院獲得了醫療服務以及補助，這是大衛教友既慨歎、又百思不得其解的地方。

只是不過才進了醫院二十天，大衛便離世了。也就在此時我們接到了社工單位的來電，希望能協助處理大衛的後事。

我們試圖聯繫了大衛在美國的家人，卻發現他在美國雖有三位女兒，但一位失業、一位因為次貸風波房子被拍賣，就連最小的女兒也做生意失敗，經濟上根本愛莫能助，光是能夠來台灣領取父親的骨灰，都已經是盡了最大的努力了。本來她們也在想台灣的美國在台協會是否能夠給予援助，但就如同之前的貝蒂老太太一樣，即使AIT有心想協助，礙於法規，能夠給予的只有深深的言語關懷。

大衛臨走之前的遺願，本來是希望能夠如同印度的葬禮，在恆河邊架木材火葬。但台灣的法律並不允許河邊火葬，在商討後，我們一樣是選擇火葬來與他道別，不過地點當然是選在了傳統的殯儀館火葬場。

喪葬過程由他同修的同袍們陪伴，而大衛的師父董瑟・格拉多傑仁波切也特地趕來台灣送他最後一程。

最後，大衛的骨灰被分成了兩份，一份給師父帶回印度，了卻他撒向恆河的心願；另一份，則是給了女兒帶回去美國。第一份代表的是他的第一人生，為人父、成為學者，以及助人者，以心理諮商協助他人的生命走過陰霾；第二份則是他潛心靜修後的第二人生，鑽研佛法，去探索人生奧義的生活。

大衛生命的最後，他的經歷，展現了愛心其實是不分國界與宗教的。雖然礙於一些法令跟規範，他出生的國家，以及他原先認定可以協助他的單位，並沒辦法給予他所想要的協助，但在同修的夥伴以及其他善心單位協助下，他卻被跨領域跨單位的大愛所承接了。

這個幸福緣分，讓他從美國到印度，最後落腳到了台灣，一直到生命裡的最後一站。

飄零的大衛，最後終於在辭世之後，分別回到了出生的地方和靈魂的故鄉。而此時AIT也發了一張正式公函給我們，表達了美國政府對善願免費處理大衛後事由衷的感激之意。

一場送行的體悟：

規則雖然有其限制，但愛心卻是沒有分野。

雖然規章真的能夠更有效率地幫助更多的人，但也因為規矩是死的，有時候會適得其反。人生不完美，規章也是，因此在規章之外，人心之善還是讓例外得以成立的原因。也許我們永遠無法制定出一套完美而毫無瑕疵的規則，但這並不足以阻擋我們的心去體貼他人，關懷他人。說穿了，規矩是死的，人卻是活的，無論何時何地，我們必須持續懷抱任何善的可能。

第4場送行

告別式願望

時間：2003年

星期日上午在中山女高門口，「她」又如期出現了。十五年來，風雨無阻，轉眼之間她已是資深級志工，然而每次見到她，仍然總會讓人想起那年碰面時，她無助的樣子。

她是亮亮的媽媽。那一年，她抱著兩歲孩子的屍體，由先生開車駛進殯儀館，心中只有一個願望：請幫我為這孩子辦喪禮。

在盛夏的夜裡，兩歲孩子的遺體直接被一名女子抱進殯儀館，這麼不尋常的畫面，連見多識廣的殯儀館主管都嚇了一跳，當下趕緊撥了電話到協會來，請我們協助。

當時我們一聽，就知道她是前幾天社工提到的亮亮媽媽，只是沒想到，他們會抱著死去的孩子直闖殯儀館。

而亮亮的死亡，也來得很突然。僅僅兩歲的他，因三個月前突然被診斷出患有不良貧血而住院，當時醫生就宣告狀況危急，有相當程度的生命危險。

亮亮媽媽受到非常大的衝擊，這個軟軟小小的孩子，才剛學會說話，每天都張開大大的雙眼，澄澈地凝視著自己，笑起來時兩頰還有小小的酒窩，讓人感受到生命的無限美好。是如此乖巧可愛的孩子，怎麼會突然生了重病？

歹運接二連三，亮亮才住院不久，亮亮的小叔叔從一棟辦公大樓跳樓自殺。亮亮爸媽把所有的積蓄都拿了出來替小叔辦喪事，身上所剩無幾。那年夏天，亮亮一家就在一次又一次的打擊中幾乎被摧毀。

孩子爸媽都是勤奮做事的老實人，始終努力認真工作，撫養兩個兒子。大兒子讀小學一年級，乖巧懂事，而夫婦兩人原本都在上班，因為要照顧亮亮的關係，媽媽辭去工作，原本的雙薪家庭頓時只能靠先生約三萬五左右的薪水養家，同時還得負擔著兩萬多的房貸。

雖然生活並不富裕，但兩人原本也打算先靠著從前攢下來的一點積蓄撐著，只要撐過這段過渡時期，過了就好！可萬萬沒想到，孩子生病後，唯一親近的兄弟也驟然離世，亮亮的祖父母跟他們家的關係疏離，無法提供協助，在短短的時間內，原本平凡的小康之家搖搖欲墜，家裡瞬間陷入彈盡糧絕的窘境。到了最後，他們終於連醫藥費都負擔不起，在想不出辦法的情況下，只好向社工求助。

一般中產小康家庭，最多準備個二三十萬應急就已經差不多，其餘的錢，大多都被卡死，因為總有各種貸款要付。只是意外之所以被稱作意外，就在於它往往總是教人措手不及。

面對這麼巨大的悲傷，已經很讓人崩潰了，而長輩們的意見，更讓亮亮媽媽陷入了混亂之中。

亮亮爸爸是基督徒，媽媽平時則是會跟著父母去寺廟拜拜，他們在亮亮短暫的生命過程裡，各自用自己的宗教信仰替孩子加油打氣。

而在這其中，亮亮外婆秉持的是最為傳統的台灣信仰，在他生病過程中不斷四處求神問卜。而因為亮亮往生時正逢農曆七月，外婆堅持未滿三歲的小孩必須趕緊處理，才能讓他快點投胎，甚至不要立牌位、不可以放在太平間等待，必須趕緊土葬，以凡事從簡的原則為佳。

不僅如此，迷信的外婆更覺得如果一直放著無緣孫子拖時間下去，接下來勢必會影響家中運勢，因此給了女兒莫大的壓力。然而女兒與女婿經濟困窘，她偏偏又完全不相信會有免費殯葬這種好事。

做為一個母親，亮亮媽媽無法接受自己的孩子就這樣隨便地被埋葬，連一個以後可以探望的地方都沒有。然而她更知道自己負擔不起喪葬費用，才剛辦完小叔喪禮的她，很清楚一場後事所需要的花費。

「我們知道你們一家人這陣子辛苦了，但也不應該什麼想法都沒有，就這樣把孩子載到殯儀館然後要人處理呀，妳可以找醫院社工知會協會，我們會立刻啟動服務機制。」趕到殯儀館時，我們這樣提醒亮亮媽媽。

「一切來得太快，每個人都有各種意見，但我只是想讓自己的孩子能好好長眠、永遠不再受苦而已。我很無助！我只想趕緊把這一切解決掉。」亮亮媽媽邊抹著眼淚邊說。

「解決」兩個字聽起來很殘忍，但這並不代表她不愛小孩。她就是太愛孩子了，才希望自己的寶貝孩子能夠不要再那麼痛苦，更希望孩子能趕緊投胎到好人家。若人真的有來世，她一定也渴望再跟亮亮相逢。

我們安慰著她，心想，亮亮爸爸一定也很難過吧，畢竟父親節才剛過啊！至親的弟弟跟兒子陸續離開這個世界，即使他只是默立一旁，沒多說什麼，但心中所受到的衝擊，從憂傷而瘦小的臉龐即可看出。

告別式很順利地結束了，而在隔週，就在我們每週日例行行善活動集合地點，亮亮媽媽出現了。

她告訴我們：「你們完成了我的願望，所以我也希望能幫助更多人，在他們最無助的時候，成為他們的力量。」

從此之後，她便經常參與我們週日的行善活動，也時常跟著我們一起探訪弱勢家庭與親送慰問，風雨無阻地來了十五年，至今未曾停歇。

在事件過後，她也重新回歸職場，家裡慢慢恢復成安穩的雙薪生活。而在亮亮過世兩年後，她又迎接了第三個寶寶的出生。亮亮媽始終覺得，是亮亮重新投胎當她的小孩，她很感恩，更認為她能夠再擁抱這個孩子，是因為她把善願協會對她所施的善行延續給其他人的關係。

但我們覺得，這純粹是她把愛傳給有需要的人，為自己帶來的福報。

其實我們很感謝亮亮媽媽，因為把希望種籽傳遞出去給下一個人，這一直是我們想要宣揚的做法。

行善這件事，像一場讓人在絕望黑暗中找到一絲光芒的馬拉松，過程可能十分漫長，有時候也會覺得無力，但只要能不間斷地一棒一棒地傳遞下去，那麼，這世界上的每一個人頭上都能頂著一片祥雲，大步邁向幸福平安。

一場送行的體悟：

人不是機器，是有情緒的動物，因此在面對一連串打擊的時候，感到慌亂惶恐都是在所難免。只是我們相信，這一切都只是個過程，只要能夠堅持下去，終會雨過天青。

不要放棄相信希望，甚至有的時候，接受幫助也是一種勇敢。而假若有機會也能把這種希望傳遞給下一個人，那是更美好的善行，那麼，善就會生生不息。

第5場送行

移工悲歌

時間：2006年

二〇〇六年十一月二號，這天的台北天氣濕冷，灰暗的天空飄著細雨，但有一群人不畏淒風苦雨，聚集在勞委會門口廣場，他們的目的是要陳情。有些人手持偌大標語、有些人頭綁白布條、有些人則高舉著海報看板。在這其中，有一名男子格外顯眼，他雙手拿著的是一名男子的遺照，而遺照中人就是這個故事的主角：阮玉仲。

這二十多年來，台灣邁向少子化，壯年勞力不足，人口組成也就越來越多元化。數量急劇增加的，除了外配，也包含了東南亞來的移工，假日只要到各大火車站觀察，便可以看到他們成群結隊地聚會交流，一解思鄉之情。如果可以選擇，每個人都會希望能夠在自己的家鄉工作，他們之所以願意離鄉背井來台灣打拚，不外乎都是為了讓家人過上更好的生活。

可是，當這些移工遠渡重洋來到台灣，只為尋求一個夢想時，卻常因為遇到不肖仲介，墜入了更加艱辛的困境。

三十八歲來台灣的阮玉仲就是如此。

阮玉仲住在越南偏遠的鄉下，家裡有五個孩子嗷嗷待哺，其中一個孩子還罹有智能障礙的問題，一家子生活困苦。而為了照顧五個孩子，妻子沒有辦法外出工作，只能靠他一個人養家。

苦思之下，阮玉仲下定決心來台灣打拚。他聽人說，只要跟仲介公司借個三千美金申請代辦，就能來台灣工作三年。他算了一下，覺得划算，先好好拚個三年改善家中經濟，再回國闔家團圓，怎麼想都值得一試。

但怎知，這竟是一間黑心仲介公司。當時台灣的移工政策規定最多只能簽約兩年，若雇主同意，才能再延一年，至多三年，所以根本就沒有保障三年這回事。更糟糕的是，仲介是用遞補案將他引進，只能待上一年，隔年就必須返回越南，一切都跟當初預期的不一樣。

阮玉仲來到台灣之後，這才驚覺受騙。而仲介開出的條件極不合理，在苛刻的勞動環境下，每個月不過一萬多的薪水被東扣西扣，算下來，一年總計才賺了三萬多塊台幣，完全貼補不了家用，而家裡卻還有嗷嗷待哺的一家六口在等著他寄生活費回去。

在無計可施之下，阮玉仲工作滿一年之後，便做了最壞的打算。他偷偷逃走，脫離了原先仲介公司的掌控，開始暗地接私工，過著非法打工的生活。

他成了沒有身分的人。沒有勞健保、回家的路也遙遙無期，雖然薪水不再被仲介公司苛扣，但也不可能有原先保障一萬五千多元的基本薪資了。無論眼前和身後，都是一片黑暗。只是，為了家人的生活，他也只能這樣先在暗夜打拚，一邊躲著警察跟仲介，只求多拚一日是一日。

然而，人在異鄉，要躲過鋪天蓋地的追捕，也許實在是太困難了，被抓是遲早的事。就在那陣子，政府正好在加緊搜查非法移工，一抓到就是嚴懲。一年多後，在某次追捕下，他被警察逮個正著，送去了承德路的收容所。

在當時針對聘用非法移工之雇主加強重罰的政策下，勞委會與警政署盡心盡力配合，許多受到不公平對待而逃跑的移工，統統都被警察當成罪犯來追捕。而阮玉仲被羈押在承德收容所的時候，警方為了希望他能供出雇主，於是用了比較嚴厲的口吻跟他說：「若不供出逃亡期間聘用你的非法雇主，就要把你關進監獄半年到一年。」

阮玉仲不懂自己犯了什麼大錯，為何要受到如此不公的待遇？接著又思及家裡妻小，若這麼長的時間沒有寄錢回去，家裡上上下下該怎麼辦？左思右想，怎麼樣都只剩逃跑一途了！狗急就會跳牆，於是他選擇冒著生命危險，用衣服綁成了繩子，從九樓窗外往下逃逸，但卻因為繩子撐不住他的體重，最後失足墜樓，當場氣絕身亡，就這樣慘死他鄉。接下來，再輾轉送到了我們面前時，已成為一起待結案的案件。

而在同一段時期裡，天主教希望職工中心的社工員李麗華也公布了一份當時針對逃逸移工（印、泰、菲、越）所做的訪談報告，在四百一十八份的有效問卷中，迫使移工逃逸的理由前三名分別是低薪資（Less Salary）、工作過量勞動（Difficult Work）和不合理的規定（Unreasonable Company Policies）。在在都顯示了移工們不僅需要在高危險、高髒亂跟高噪音的狀態下工作，還得承受許多不公平的待遇與苦難。

十一月二號這天下午，我們替天主教徒阮玉仲辦了簡單隆重的追思彌撒，而上午則是由國內移工團體所組成的家事服務法推動聯盟聚集陳情，希望阮玉仲的不幸身亡能化為一道公平的曙光，替台灣越南移工爭取到應有的權益。另一方面，該團體也遞出了訴聞，希望官員能參加當日下午在二殯的追思彌撒，表達他們對這個問題的正視。

可想而知，最後政府單位的代表僅僅收下訃聞而已，並沒有出現在追思會場上，大家心中期盼的解決方案也沒有出現。

這個案例，也是協會跟移工聯盟第一次的合作。通常，從移工聯盟轉過來的案件都是在沒有勞健保的保護下，病死他鄉的逃跑移工，但比其他的案子，阮玉仲的案例點出的是更大的隱憂。從這起案子裡，我們可以看到，台灣執法機關對待逃跑移工的標準作業程序，多數是先將遭受欺騙，或者被雇主惡意對待的移工受害者污名化，而非先去審視是否是整個結構出現問題，或甚至是雇主的因素。先把受害者當罪犯，還以為這樣就可以嚇止惡劣雇主，根本是本末倒置，非但沒有幫助，只是憑空製造了更多無家可歸的人。

事後協會也調查了一下，就在我們接手阮玉仲案子的那年，警政署公布在台行蹤不明移工人數已達兩萬多人，女性更是多達男性的四倍，而到了今年（二〇一八年），移工聯盟所提供的數字已經來到了十萬人。有整整十萬名從異鄉來台的移工下落都不知所蹤，更不知道他們過著是什麼樣的日子。

其實，移工問題並不是治安問題，而是勞工結構問題，這是早在當年他們陳情抗爭時，就已經提出的要點。

阮玉仲用他的生命推動了些許的改變，如今移工來台工作，首次工作年限已延長至三年，若跟雇主合作愉快，簽約次數總共可以多達四次，最多共可在台灣工作十二年。

當然，對於追求更好的社會環境，我們仍有許多待努力的目標。不管是勞工權益也好，社福救援也罷，只希望未來，不會再有那麼多受苦的人用生命的痛，換來他人更好的未來。

一場送行的體悟：

生而為人，理當人人平等。無論是人權議題，或者是如何擁有更好的生活品質，是所有人都該努力的目標。對於來台的移工，我們需要的，除了同理心，還是同理心。不是施捨、不是上對下的軍事化（甚至監獄化）管理、更不會是剝削。離鄉背井來台工作的他們，其實就跟你我一樣，無非都是想要讓自己跟家人能過著更幸福的日子，就這樣簡單的願望而已。然而他們之中，不知道有多少人，卻得為了這樣簡單的夢想，付出慘痛的代價，過著次等人的生活，甚至客死異鄉。我們常說：「台灣最美的風景是人。」看在他們眼裡，這樣的話，不知有多麼諷刺。

第6場送行

託付

時間：2015～2017年

二〇一五年的農曆年前，醫院急診室來了一位重症病人，外表看來是亞洲男子，但只能用簡單的英語及台語對答，顯然是一位外籍人士。這名亞洲男子的身形瘦小虛弱，且罹患了口腔癌和肺結核，身旁沒有他人陪伴，單獨住進了隔離病房。

原本院方也曾猜測可能是來台短暫居留或工作的移工，接到這樣的病患，並不足為奇。只是適逢農曆年間，他不僅隻身住院，期間也無人探望，幾乎立即就被醫院的社工小真發現了不對勁之處，進而特別留意。

再細究後，小真發現這名男子的個人資料並不難查，因為他其實領有健保卡，也有台灣的身分證，更有個中文姓氏「劉」。

原來劉先生為菲籍，到院的時候六十五歲。他在民國七十七年的時候來台工作，獨自住在三重一間月租四千塊的房間。他從事機械操作相關工作，但並不識字，僅靠著簡單的台語跟英文與他人溝通。

其中最引人注意的，是他右手只剩一根手指。原來他多年前工作上出了意外，四隻手指遭機器截斷，但還能操作機器，所以原本也不是什麼大問題。一直到二〇一四年時，因為罹患了舌癌、口腔癌跟肺結核，導致他終於完全無法工作，健保遭到雇主退保，從此，他便在新北市一帶漂流。

小真再進一步細問，欣喜地發現：原來劉先生在菲律賓有家人呢！他不僅已婚，還生了兩子一女，年齡約在二十到三十歲左右。

小真原本心想，這真是太好了，至少有親屬可以聯繫，不至於無所歸依。但再追問下去，果不其然，劉先生在菲律賓的家人生活狀況相當困窘，恐怕無力幫忙，因此劉先生也不忍將自己的近況告知，家人根本不知道他的病況已危急至此！而自從劉先生沒有辦法再寄錢回家之後，這幾年，他都未曾與家人聯繫。

小真知道了他的經歷後，非常不忍心，便幫他辦理補助，恢復了健保，好讓他可以安心就醫，至少先緩解當下的狀況，其餘之後再說。只是繼之而來，所謂的「之後」，便是他的往生之日了。在農曆年入院後沒隔幾日，劉先生病發離世，臨終前，他向小真託付了自己的後事，希望她可以助他返家。

於是整件事情便這樣發展：社工經由他的健保卡資料聯繫了警員，警員又在里長協助下查清了身分，再藉由劉先生家中找到的、寫著密密麻麻電話的紙條，幾經過濾，找到了他家人的連繫方式，再商請馬尼拉經濟文化辦事處的人員協助，終於跟他的家人聯絡上。

一如預期地，劉先生的家人一方面雖然感到震驚無比，但並沒有能力來台灣辦理喪葬事宜，只能委任醫院的社工協助處理喪事。經過轉介，劉先生的大體輾轉來到了我們手裡。

許多人可能不理解，即使是單純委任，其實也是一件不容易的事。死者為大，每個家庭有每個家庭的需求，更何況如果還牽扯到不一樣的文化背景，更是難上加難。

小真是個有心之人，不僅協助確認家屬的授權，更進一步想知道是否能夠有機會讓劉先生落葉歸根，重返馬尼拉。雖然劉先生於她非親非故，又已離世，於情於理，她都已經盡了最大的責任，但她始終都認真地看待劉先生的託付，別人交付給你什麼，即便已經離開，若答應了，就該盡力去完成。

劉先生火化那天，正逢杜鵑颱風襲台，我們只能先將骨灰安置在殯儀館的某處，等待他家人有朝一日能夠來台領取。原先，善願幾位志工集資兩萬六千元，好讓他家人來台領取骨灰，可是他的家人表明不會中文，加上家中亦有重病者要照顧，無法前來，於是骨灰就一直寄居在殯儀館一個角落，孤零零地等待著回家的日子。後來這筆慰問金經由馬尼拉辦事處人員轉交給家屬，以表達我們關懷之意。

日後，只要每逢颱風，小真的腦海裡就會浮現這位孤單辭世，無法返家的瘦弱男子，不斷與我們討論著怎樣才可以幫助到底，完成已故之人的託付。

兩年之後，出現了奇蹟。馬尼拉經濟文化辦事處有位工作人員，表示自願來二殯領取骨灰，送去給他在馬尼拉偏遠鄉下的家人。

兩年的返鄉之路，與二十年還無法回家的貝蒂老太太兩相比較的話，乍看並不遙遠。但對於一個無法返家的異鄉人來說，兩者其實都是同樣漫長且遙遠的路程啊。

也或許有人會覺得小真太傻，人都走了，為何要如此掛心？況且劉先生跟她是非親非故。但在小真心中始終盤旋不去的，是劉先生臨走之前對她的感謝與託付，以及他那雙無助無依的眼神。

有時我們會覺得，從事社會協助，其實是一件有點矛盾的事。因為行善的本質，是建立在彌補社會結構的漏洞，或是人性陰暗面所造成的憾事之上，而這麼多年下來，看過了許多生死，看過了許多明明可以阻止卻仍舊發生的事，更是讓人有所感慨。但約莫也就是因為這樣，才更明白善意的力量是可以發揮到多麼強大吧。

從一張健保卡開始，小真運用了她擔任社工多年來的經驗，找到了這位無助移工的真實身分，更啟動了社區區域聯防，展現了社工機構與醫療院所所拉出的防護網力量，最終，讓劉先生在天之靈能夠如願回到家人身旁，與他們團聚。

愛心不分國界，只要能力所及，讓每個人一路好走，去到應該歸屬的地方，這是每個從事社會救助志工都希望能辦到的。世界並不完美，但只要能夠幫助有事實需要的人們，我們都會為此而努力，盡全力拉上他們一把。

一場送行的啟示：

這些年我們一直致力於社區區域聯防，防止憾事發生。在這起案例中，我們可以看見，所謂社區聯防流程跟緊密合作所開展的效應，同樣的方式，也能跨越國際。

小真為完成託付而努力不懈，也造就了我們無償服務弱勢者的又一善舉；事實上，我們心中最理想的協助方式就是愛心不受限，能夠跨越各單位，甚至跨越國際和語言。所謂「天道酬勤、地道酬善」，善行，永遠是最棒的共通語言。

第7場送行

兩百封信的約定

時間：2003～2008年

經手過的每個案件，我們都會用檔案夾及牛皮紙袋好好地歸檔、存證，多數是跟家屬的合照，或者感謝函。其中當然也包含在走完人生最後一程前，決定一切交由我們處理、不煩勞他人的公證委託書。

而在這近三千個案件檔案中，最厚的、最多紀念和禮物的，就屬這位賈書浩爺爺了。

那一週一封用顫抖的手寫下的親筆信，從廣慈博愛院及浩然敬老院寄到了我們手上。信上面還有用宣紙畫的花卉水墨畫，配上題字，這些都是賈爺爺的愛與擔憂，提醒著：不要忘記我們的約定啊！

一九一五年出生的賈爺爺曾擔任哥哥賈書法將軍上尉副官，退休之後，就一直住在廣慈博愛院。廣慈改建後，他又住進浩然敬老院。他和大哥賈書法當年隨著國民政府一起撤退到台灣來，哥哥雖然已婚，但膝下並無子嗣。也因如此，當兩岸重新開放、終能互通有無時，他們便時常跟在對岸老家的親友們聯繫，書信往來之餘，也不吝於給予金錢的協助，也因此更加深了想魂歸故里的願望。

一九九一年，賈大哥先走了一步，當時他特地交代了弟弟，今生一定要幫他完成心願，把自己跟太太的遺骨送回湖北武漢老家。

賈爺爺從來都沒有忘記大哥的遺願，多年來，始終把這件事沉甸甸地放在心上，同時卻也無時不在擔憂著。正如當年離開湖北老家來到台灣時，大家總說著：「很快！很快就可以回家啦！」但盼啊盼的，一晃眼就是數十年光陰過去，他老了，而大哥走了，直到大哥過世，這個夢仍舊沒有實現。那麼，他又真的能遵守跟哥哥的約定嗎？

時間一走，又是十年過去，賈爺爺眼看著自己漸漸年邁的身軀，益發憂心。直到二〇〇三年，在他已經年屆九十高齡時，出現了一位貴人。賈爺爺認識了同樣具有榮民身分，在廣慈博愛院當志工的胡偉。雖然胡偉也已經年屆八十，但仍經常幫忙寄信、採買日常用品，及陪伴賈爺爺閒話家常。

胡伯伯當時已在善願愛心協會擔任志工多年，這些年來，也跟著我們共同協助了許多案件，他將賈爺爺的返鄉願望告訴了我們。

其實當賈爺爺在跟胡偉提到兄嫂的遺願時，內心是忐忑的，因為這些年來他也找人商量過，大家總是說：「不可能啊，很困難。」而這十多年來在湖北的親屬也由於並不是直系親屬，所以始終無法申請台灣的死亡證明書、火化許可證、骨灰遷出證明、親屬證明，他一路與法令奮戰，結果也一次次讓他感到絕望。

賈爺爺始終深感慨歎，想當初，在那動盪的三、四十年代，他什麼大大小小陣仗沒見過，更在戰場上廝殺好幾回，到頭來卻發現，原來在離世後想將遺骨送返故土，要比活下來還難上許多。活著，不由人的事情才真是多啊！

而當我們聽到這件事時，腦子想的不僅是該如何幫賈爺爺完成願望，更要思考的是，他年事已高，又已經等待了漫長的十二年，時間是不等人的，應該要能讓他早日了卻心願才好。

幸好，事情進展得很順利。聯繫上賈爺爺在湖北的親屬後，他姪兒也找到了早年保有的族譜以及與賈爺爺的通信書札，能證實雙方確有親屬關係；而台灣方面，需要有賈爺爺委託書、兄嫂死亡證明書、火化許可證及骨灰遷出證明正本，方能出境。這一來一往，不過三個多月的時間，手續就申辦成功，最後由善願志工帶著賈大哥與嫂嫂的骨灰回到湖北。兩年後約同一天，就是賈爺爺的九十二歲大壽，湖北那邊更是捎來電話，全家人燒了一桌好菜，煮了豬腳麵線，喝著黃酒，透過細細的電話線幫賈爺爺祝壽、唱生日快樂歌。電話這頭的賈爺爺雖然是在廣慈博愛院啃著簡單的饅頭配稀飯，但聽到遠來的祝賀，是滿臉笑呵呵。

很多人說，這賈伯伯真傻，淨是把自己的退休養老金送回去，平日省得要命，連練毛筆字都是用百貨公司的紙袋拆開來在寫，甚至就連自己生日這天都是啃饅頭，而親戚那邊呢，則用他給的錢打越洋電話、吃香喝辣。可在我們看來，事情並非如此，這些，倒是一家人感情好的證據。

成立善願協會這麼多年來，我們也不是沒看過有些人蓄意欺騙補助金或者養老金，這樣的人，常常是拿了錢就走。但賈爺爺的家人們，其實卻是隔著海峽真心地相親相愛的。想想看，他們不但費心幫忙，把賈大哥跟嫂嫂的骨灰接回家族墓地，而若沒心，也不用在賈爺爺生日這天捎電話來隔海祝壽，自己把門一關，吃吃喝喝，豈不是最省事最舒心？

再者，當時送賈大哥跟嫂嫂骨灰回去時，大陸報紙及電視台記者還以大篇幅報導，侄子賈長寧也特別捎了封十分客氣有禮的感謝函來，對家人的深厚之情，是可以感覺到的。雖然並無法一直膩在一起，但家人之間的情份，溢於言表。

而賈爺爺思鄉之心，從他在二〇〇六年清明節曾投稿《浩然敬老》半月刊的文章就知道，他引用的詩是這樣寫：

清明時節雨紛紛
路上行人欲斷魂
紙灰飛作白蝴蝶
淚血染成紅杜鵑

從字裡行間之中，不難看出他對故里深厚的想念。賈爺爺是個重情重義的人，在胡偉幫他完成願望後，無論是媒體採訪，還是大家私底下見面，他時常都把我們是他的大恩人掛在嘴邊，每次見面也淨想著要送上厚禮，只是都被我們婉拒。我們之所以不收，也是因為知道那些都是他的養老金，希望他用來多照顧自己。

唯獨字畫，我們代表協會開心地收下了，之後便一直珍藏著。因為我們覺得，心意才是最重要，透過他的字與畫，他的感謝，我們也切實收到了。

之後我們陸續跟賈爺爺又碰了幾次面，他也屢次交代，當他往生後，也要靠我們完成他的願望，讓他的骨灰回到湖北去。

或許是因為戰亂的背景，賈爺爺一直都不是很有安全感，因此在過世之前，幾乎是每週都會寄信過來，殷殷提醒我們：不要忘記承諾。即使我們每次都回覆他說：會的！會的！我們一定會記得的。但他仍舊一週一封，不曾間斷，這些年累積下來，也有約兩百封那麼多。

其實我們也能懂他的心情。隨著生命逐漸逝去，回首往事，早年戰亂的恐懼以及那些動盪不安的感覺，的確會變得更加刻骨銘心。一生漂泊的賈爺爺，便如同當年隨著大哥大嫂一起來台灣一樣，現在的他，也想與他們一起回去故鄉。

二〇〇八年五月，賈伯伯終於搭上他的飛機返家了。協會志工將他的骨灰送回湖北的侄子手中，當然了，這次他們也仍舊送來一封長長的感謝信。謝謝我們讓他的家人，隔了這麼多年，終於回家團聚。

一場送行的體悟：

古人說：「血濃於水」，但這些年來，經手了大大小小、不計其數的案例，其實我們越來越不相信這回事。真誠對待與善意關懷，遠比先天血緣重要得多。

不過，賈爺爺一家人的跨海情誼跟思鄉之情，卻是讓我們重新感受到了家人之間的牽絆。從他們身上可以看到，家人的心就彷彿回家的燈，就算再遠，都能引領著人們往前走。

第8場送行

徐上兵半世紀的歸路

時間：2017年

——一九六八年，上兵徐坤湖死於馬祖，葬於北竿，軍方以自殺結案，再無下文。家屬接獲通報雖不信，亦無能翻案。

——二〇一六年底，相隔近五十年後，退伍軍人吳香官在北竿的中興公園發現軍人公墓，以及其中的徐坤湖墓碑。

——二〇一六年底，臉書社團「馬祖捍衛戰士」由在馬祖北竿服役退伍的吳政武貼出徐坤湖墓碑照，社團社員范植源向基隆市長請求協助。

——二〇一七年，……經過五十年的寂靜等待、五十年的兩岸眺望，一縷忠魂曾執干戈以衛社稷卻有家歸不得的徐坤湖，終於踏上了返鄉路。

我是個很善於等待的人，有時那耐性都讓人感到不可思議。每次有媒體朋友來採訪，我告訴他們，我還在等待已經在靈骨塔安奉了近二十年的貝蒂家人來認領她的骨灰，別人都笑我異想天開。

但真的異想天開嗎？若聽了徐上兵的故事，也許就不會覺得這件事不可能了。

徐上兵等了整整五十年，才終於回到家。

這五十年來，他的家人始終無法放下，只是找不到救濟管道。任誰也沒想過，會是用這樣的方式，讓他找到回家之路。

事情是從臉書「馬祖捍衛戰士」這個社群粉絲頁所開始的。

社群網路的興起，不僅僅只是改變了我們的生活方式，也徹底顛覆了人跟人的距離。社團的社員范植源，是一位曾在馬祖當過砲兵的復健師，他憑著對馬祖的熱情跟傻勁，一直對袍澤盡心盡力，讓一些退伍的同袍可以在此交流。某天，突然有人在社團轉貼了一張孤墳的照片，問了一句：「我們有可能幫他找到回家的路嗎？」

在海島當兵的孤寂，沒嘗過的人不會懂。想到自己那兩年天天思鄉的心情，再想想這些永遠都無法回家的孤墳，范植源、吳政武及吳香官對這件事上了心。或許就是因為這樣的感同身受，只要有機會能盡點棉薄之力，都是樂意。

而想家的煎熬，發現並拍照的空軍退役軍官吳香官更懂。於二〇一六年底返鄉掃墓的他，在馬祖北竿中興公園無意中發現了孤零零的墓碑，荒煙蔓草，彷彿從來沒人探訪過，上面寫著「徐坤湖」三個字。想起了報效國家時對家人的思念，吳香官更覺得要盡一己之力幫助同袍，於是將照片轉給了曾在馬祖北竿服役的友人吳政武，希望他能一同協助，為這張照片的主人找到回家路。

套句范植源曾在媒體來採訪時說過的一句話：「以前部隊什麼都有教，就是沒教我放棄袍澤。」就可以明白這份深邃的心意。

國軍兄弟的決心，加上網路的無遠弗屆，成就了這樁美事。

由於孤墳上有照片，旁邊寫著「陸軍十師二十九團三營，上等列兵徐坤湖，基隆市人，卒於民國五十七年」，范植源憑著這個線索，將照片轉到基隆人的社團，然後消息慢慢擴散出去，遂聯繫到了基隆市政府。

只是，五十年的時光，很可能早已人事全非。徐坤湖的父母或已過世，後代或已離散，不要說是兄弟姊妹了，可能連遠親都找不到！只是說來也真幸運，不如就稱之為命運的安排吧，徐坤湖的家人五十年來竟然從來都沒有搬離過原住處，也因為如此，才終於順利找到了他的家人。

徐坤湖的死，對徐家來說，一直都是心裡的痛。

早在徐坤湖過世的一九六八年，家人便試著想要帶他回家。徐家家境清貧，徐坤湖的父親是製冰工人，因機器爆炸導致雙目失明，卻肩負著扶養六個小孩的責任。徐坤湖排行老三，是個熱心、開朗的人，常跟家人說等他退伍了就可以回家負擔家中經濟，怎知徐家卻在他退伍前的一個多月收到區公所通知，說他自殺死了，軍方僅託區公所轉交一隻手錶跟幾百元的遺物，從此再無下文。

徐家負責聯繫的小弟徐慶元說，當時家人也急著想去馬祖辦後事，但一直等不到軍方船期，軍方總是以「沒船班」、「海象不好」等各種理由拖延，再追問與三哥同梯退伍的人，也一問三不知，甚至家中正在海軍擔任旗艦兵的老四也趁著去馬祖時打聽過，結果依然空手而歸。

雖然很想找到三哥，讓他回家，但當時家境很拮据，再怎麼不甘願也沒辦法。而且當年台灣還在戒嚴時期，軍方相當封閉，根本沒有管道可問。家人只能等，只能存著一個念想，日子就這樣一天又一天地過，這一等，就是五十年。

在這漫漫幾十年，徐家狀況一直都不好，老大、老二、大姊都相繼過世，只剩下年紀最小的徐慶元跟他四哥還在世上。也因為親人相繼故去，對於讓三哥回家的那一絲懸念也逐漸黯淡、漸漸不抱希望，直到接到市府的聯繫，那盞行將熄滅的火苗才又驀地燃起。

「我真的很想去接三哥回家，但沒有錢可以飛去馬祖完成心願，更別說接回來之後，遷墳也需要一筆龐大費用。」徐慶元無奈地說。

對他們這樣清貧的家庭來說，活著不容易，但即便想痛快死去，也仍舊擔心死後的軀體無處安葬、沒有落腳之處。這點，我們自然是可以感同身受的。

就因為這樣，范植源找上了我們。他說：「我答應了學長，一定要幫他返台回歸故里，無論如何一定要做到。」

由於被他的熱情感動、也希望徐家能夠放下那半世紀的遺憾跟包袱，繼續往前走，我們承擔下了這份差事，決定飛往馬祖一趟，幫徐家免費辦後事。

當時是二月底，冬天的馬祖陰雨綿綿、天候陰晴不定，氣溫平均只有一度到兩度左右。本來我們是打算二十三號要搭船過去，但天候實在太差，始終沒能開船，連一班航班也都沒有。眼看著一群人只能乾等，心急如焚卻莫可奈何。

一直到二月二十六日，終於有飛機要飛了，搭飛機的時候，與會的志工還是不免擔心地說：「雖然真的是等不及了，但若天候太不好，到時候可能還是要在馬祖多待幾天。」

說也奇怪，我們預備去馬祖帶徐上兵回家那幾天，天氣原本始終十分糟糕，誰知道就在近一個小時的飛程落地馬祖北竿後，突然天候轉而大好，之後也是連續兩日的好天氣。當地負責接待的人員說，這是馬祖多天來第一次放晴。一下飛機，在馬防部政戰主任余熙明少將暨軍方人員大力協助下，車子直接開往中興公園。

抵達墓碑所在之處前，要先經過一段雜草叢生的地帶，得拿鐮刀割草才能前行，可一找到墓碑，起掘工作便非常順利，連三次擲筊引魂，也是一擲就過。

在墓碑前，徐家小弟抱著墓碑痛哭。我們停下手上工作，讓他好好跟三哥敘了舊。五十年的陰陽相隔，想必他內心也累積了許多無處可訴的心事吧？如今，總算是可以好好地跟三哥傾吐了。在這之後，我們對徐上兵的墓碑行了軍式敬禮，接下來便正式開挖。

開挖的過程極為順利，一個多小時就完成。然而，在撿骨的時候，我們發現徐上兵的頭顱上竟有著彈道痕，眾人不禁相對愕然，彷彿目睹的是一顆未爆彈。這類事情，我們心照不宣，但也知道事情已經過了五十年，再怎麼追究，都很難找到源頭。而更讓我們心酸的一幕，是看到徐上兵腳上一雙有如全新的黑色襪子仍牢牢穿著——他，似乎也在期待能早一點踏上回家的路啊！

我們在馬祖待了兩個晚上，直至二十八號早上才離開。那兩天，馬祖的天氣都極為晴朗，萬里無雲，諸事順利。可一到台北，便收到了馬祖當地接待人員的訊息，說我們一走，馬祖又陷入了寒冷陰雨。

徐上兵的遺骨回到了基隆火化，我們善願協會志工在三月三日為其辦理告別式。魂歸故里，後來也經由基隆市政府的協助，讓他的骨骸回到基隆南榮公塔安奉。漂泊五十年的遊子，終於回家了！

一場送行的體悟：

網路世界無遠弗居，拉近了許多人的距離，不單讓很多上了年紀的人找到失聯已久的朋友，甚至，還能讓離家已久的遊子，找到回家之路。

而徐家人的不死心，也是重要力量。徐家這五十年來未曾遷移過戶籍，縱使物換星移，但家人思念三哥的心永遠都在，也是這樣的相信與等待，才換來圓滿的結局。

第二章

9場送行：生命的陰暗面

第9場送行

樂透頭彩得主

時間：2006年

這麼多年來見過各式各樣、形形色色的人，有的人是咬緊牙關努力向前，當然也有無力承受命運波折，而一度對很多人事物感到心灰意冷的人。也聽過有人半開玩笑地說：那些撒手不管事的，才是好命人。

「好命」對許多人來說，很多時候，都只是個想像。小老百姓其實也不求大富大貴，只要能安穩度日，家人與自己都平安健康，生活有點餘裕，就是個幸福了。

畢竟在我們遇過的這些人之中，多的是因為家中有長照需求的長輩，久病、身障的孩子，癌症纏身的家人，輕易就掉到社會網絡之外的人；或甚至是連一磚一瓦的容身之處都沒有，不僅失去庇護，也失去了身分的人。他們的背後都有著令人鼻酸的故事。

因此，假若他們的經濟開始好轉時，總是惜福且心懷感謝。正是多年辛苦的人，更會把所有的機會視為命運之神的眷顧，遇到幫助、得以回歸正軌時，總是滿滿感激之情洋溢，把握珍惜當下，讓日子可以漸有起色。

可是，也有人不是這樣的，就例如「劉先生」。你可相信，每個人一輩子的好運是有額度的？看在我們眼裡，劉先生就像一個在浪費自己「好命」的人。

「認識」劉先生時，他已經是一具冰冷的軀體。因為在家跌倒而往生的他，死於高齡九十三歲，也算是壽終正寢了。前去探視時，我們只看到一位年約四十歲的中年女子正哭泣著，一問才知道，原來竟是劉先生從大陸娶過來的妻子。若非旁人先提，可壓根想不到這是他的髮妻，只會以為是不是他的孫女。而他還有一個兒子小陳，但為何劉先生的小孩會姓陳呢？我們再往下細問，才得知了劉先生「好命」卻又不「惜命」的一生。

劉先生原本在萬華一帶經營小吃攤，生意都還過得去，只是生性貪賭嗜賭，總抱著發財夢。雖然好賭，但因為沒錢也賭不了大的，日子倒也就平平順順地過了。

他的一生共有三段婚姻。第一任妻子早逝，未生子女，而小陳則是他與第二任妻子的孩子，只是這兒子是在第二任妻子尚未與前夫離婚、兩人同居時所生，所以當孩子出生時，也就從著當時先生的姓「陳」。直到六十二年劉先生與對方正式辦理結婚，才以領養的方式將兒子納入戶籍，但姓氏始終沒改。

也許因為出生複雜，加上夫妻倆對兒子始終寵溺，又或者是劉先生的行徑讓兒子有樣學樣，父子兩人對於殷勤工作、扎實過日這點毫無概念，手上始終沒有攢下錢來。後來，劉先生又在八十歲那年，因為身體年邁、不宜工作，開始領取了政府老人津貼跟低收入補助金，並且排隊抽到月租僅需要十五塊的十坪平價住宅，供一家三口生活起居。這樣的日子，即使不算太好命，也尚稱幸運吧？

劉先生雖然賭性不改，不過在沒有更多閒錢可以賭的狀況下，他便只是偶爾去買張樂透彩，做做發財夢！誰知道，在妻子因病過世的隔年，他卻以八十八歲的年紀中了樂透頭獎，扣稅後贏得了約一千五百萬。

這下可不得了了！盼了一輩子的發財夢，終於成真。劉先生先是分了五百萬給兒子去買房買車，自己則遊山玩水，跟鄰居炫耀，好不快活。劉先生壓根兒都沒有想過，當他在如此高齡受到上天眷顧，理應要心懷感激之意。他非但沒搬出那個小小的蝸居、把屋子空出給真正需要的人，還對自己的低收入身分額手稱慶，一心想要繼續領補助金，一輩子逍遙自在。

「這筆樂透頭彩是多出來的錢，這近一千萬，我想要幹嘛就幹嘛。」自始至終，他都是這樣想的。

也因如此，他前前後後去了幾次大陸，討回了這位才比兒子大三歲的妻子林小姐。九十歲的他身體還很硬朗，而林小姐也以為嫁來台灣可以好好地被疼惜，過好日子。

然而，這次的僥倖特別大，用得也特別迅速。原本上帝幫他開了一扇門，他卻把這扇門關掉。

不過近一千萬元，又算得上什麼巨額財富呢？在好賭之人手中，揮霍只需一瞬間。就像昔日秀場天王豬哥亮，當年即便手頭上有這麼多節目，還是欠下了上億賭債，只得跑路。但相較之下，豬哥亮都算是惜福之人了，後來重新回到主持界，記住了惡賭的教訓，也開始認真工作，希冀著捲土重來的一天。

可劉先生卻不這麼認為，他覺得好運一旦抓住了，就會一直來。那次「偶爾」的幸運，讓他深信自己從此都會受到上天的庇佑。

只是，他的好運真的走了。從中獎之後，好運就消失了。不管買什麼彩券、刮刮樂，甚至連統一發票的一兩百塊，他都再也沒有中過。而他一直想要隱瞞的中獎事蹟，在九十一年低收入總清查時被發現了，隨即便被取消了低收入補助，搬出平宅的日子終於來了。

屋漏偏逢連夜雨，就在隔年，他所贏得的千萬獎金也全數揮霍殆盡。因為賭性不改，連他兒子的份也統統一起全部輸光，他只能死賴在平宅不走。

至於他那以為終於可以過上好日子的太太，到了台灣才知道，原來在自己面前花錢大方連眼都不眨一下的先生，並非什麼富豪，只是個碰巧中了頭獎、領著低收入補助的賭徒。嫁到台灣不到半年，林小姐就被迫出去打非法零工，用微薄的薪資養著這對不事生產，每天都只想著做發財夢，一再把家產敗光的父子。

錢沒有了！被趕出平宅的日子也在倒數計時，劉先生終於知道什麼是緊張，漸漸墜入了極端的焦慮，不時跟妻子哀怨地哭訴。也就是這期間，他的身體狀況急遽惡化，有天早上在家時摔了個跤，從此一摔不醒。

沒經歷什麼病痛，就這樣在昏迷中過世，按照傳統習俗來看，九十三歲的長者以這種方式大去，也算是仙逝，可說是最好的福報吧。

但說也奇怪，明明是掛著粉色布幔的喜喪，在當日，除了他的第三任妻子之外，並沒有任何人來送他，甚至連他那個寵溺了三十幾年的兒子，都沒個影兒。更令人唏噓的是，在六月初夏，他的棺木前後充滿了飛舞的蚊蟲，無論幫他揮趕了多少次，蚊蟲總是會再繞過來。

在喪葬習俗中，棺木是聖潔的；在信仰中，死者為大。我們在其太太瞻仰遺容時唸了幾段吉祥話，用意是要讓死者放下罣礙，一路好走。然而我們辦了這麼多場喪事，這是第一次看到有蚊蟲在棺木旁揮之不去。

雖然劉先生算是用舒服的方式離世，但我們也不免想著，若人真的有前世今生，他上輩子是否也是個福澤深厚之人？可惜這輩子他把一切福報都揮霍殆盡，怎麼看，都令人不勝唏噓。

一個曾經有機會體面過日子的人，最終卻連請家人分擔的納塔費一萬元，都沒有人付得起，還要由我們這幫志工集資支付。好大一個翻身的機會，最後卻仍舊成了一個翻船的結局！我們原本以為經歷了歲月洗禮的長者，多少會明白谷底翻身是多不容易。但這樣看來，不惜福者，無論年事多高，所在多有；心思不正，也難受人景仰。只盼他的故事，能成為一個好的警惕，讓眾人銘記在心。

一場送行的體悟：

幸運之神的眷顧，真的是有額度的。但願每個人都可以感念每次的機會，進而創造更多機會，而不是這樣心存僥倖，不懂珍惜。殷實，才是好好過日子的基本之道。

其實只要知道惜福，每個人或多或少都能有重新開始的機會。像劉先生這樣，不但害了自己，也是虛擲了這一路上旁人所給予的善念與扶持。到最後，他被後人記憶的方式，只剩媒體對於他揮霍無度的報導了，九泉之下他若有知，不曉得又是什麼樣的心情呢？

第10場送行

被遺忘的孩子

時間：2012年

還記得那陣子天氣開始轉涼，終於有點秋天的感覺了。

某天我們外出到永和辦事，一個不注意，便已過了吃飯時間，等到肚子餓了才想起，原來忘記用餐了！看著熟悉的街景，臨時起意，不如就去吃碗陽春麵吧。清爽的湯頭，撒入一點點鹽，加上韭菜跟豆芽，雖然清淡但很有滋味，就像楊女士一家人。

那就是他們現在最想要的幸福。

走去楊女士打工的麵攤，她高興地遞上了碗麵，說要請客。我們推說不要，畢竟人家也是在討生活，幾十塊乍看是小錢，但多出來的花費就是負擔。

推推托托個半天，最後還是麵攤老闆娘出面，她豪氣地說：「免啦！這兩碗麵算我的，謝謝你們之前那麼照顧阿珍一家人。」

麵攤老闆娘才真是客氣。說來，協會不過就只是個引線的角色，讓楊女士一家人回歸軌道而已，之後麵攤老闆娘對他們長遠的幫助才真的是多出許多。

要不是她每學期幫助楊女士正在念高職的大兒子小福繳學費，還讓他用幫忙顧麵攤打工折抵學費，不然他們連下一餐有沒有著落都不一定。

還記得第一次看到小福跟他的妹妹樂樂時，他們兩個人正在狹小雜亂的空間裡抄著經文，小小的身子蹲坐在一角，安安靜靜。

「你們在做什麼啊？」當時我們還以為他們是在嬉戲。

「他們在學認識字。」他們的母親阿珍回。

學識字……!?再繼續追問，才發現原來小福與樂樂幾乎沒有上過學。已經年約十三、四歲的小福，不要說國中，連國小都沒有好好讀過。

他們是被教育體制所遺漏的兩個孩子。

台灣推廣十二年國民義務教育已經有二十餘年，但在二〇一二年時，竟還有兩個幾乎沒有受過基本教育的孩子，看在常人眼裡，簡直是不可思議！

楊女士，亦即麵攤老闆娘口中的阿珍，是在一九九一年初，去宮廟參拜時，認識了陪著朋友去問事的阿正。阿正小阿珍十歲，平日在工地做現場執行，基本上是哪裡有工作就往哪跑，而那幾年台灣經濟發展很好，百業興盛，因此從來都不缺工作。也因如此，即使已經快滿三十歲了，阿正對未來仍沒有什麼特別想法，過一日算一日。

不過，每回到廟裡，裡頭的師父總會一直說他與神明有緣，叫他多到廟裡幫忙辦事，把心靜下來修行。

阿正不信這套，但他耳根子軟，嘴上嚷嚷說不信，講了幾次也半信半疑。後來他決定換一間廟再問問看，打算擲個筊讓神明說明白。不料答案還沒問到，就遇到了阿珍。兩人很投緣地聊了起來，也不知怎麼著，他突然問起了阿珍的意見，向來虔誠的阿珍便說：「既然有緣，有空就到廟裡幫幫忙也沒關係啊，也沒有一定要怎麼樣。」

這句話不僅讓阿正轉了念、決心有機會就付出一己之力，也牽起了不解之緣，兩人開始談了戀愛，甚至決定要攜手共度未來。

姐弟戀在現今早已不是件奇怪的事，大家都說年齡不是距離，相愛比較重要。可在當年民風保守的台灣，這可是件大事，更何況，阿珍是離過婚的。因此，阿正的家人徹底反對，難聽的話也沒少過，可阿正就鐵了心，非要跟阿珍在一起過日子不可。

只是好景不長，看似蓬勃的建築業逐漸泡沫化，阿正開始有一餐沒一頓的，而始終都不給好臉色的阿正家人甚至嘲諷他，說一定是娶了這女人才變這樣。

阿正不堪受辱，決定帶著阿珍出走，就在此時，阿珍恰巧也懷了第一個孩子小福，隔年又生了小女兒樂樂。

剛開始還好，只要換一個地點，都還能待上個一、兩年。接了第一個案子後，隔段日子可能還會有第二個，若真的沒有工作了，就再換一個地方就行，所以早先小福還曾經在花蓮念過半年的小學。這半年，就是小福僅有的正規教育時光。

但到了小福一年級下學期，景氣寒冬再度來臨，阿正工作更難找了，於是開始了全台灣跑透透的生活，從南到北，哪兒有案子就去哪兒接，未曾有個穩固的落腳之處。而阿珍忙著帶兩個小孩，也沒辦法出去工作，只能偶爾拾荒賺點錢，平均每個月只有一萬多的薪水，卻要養一家四口。

阿珍當然知道應該要讓孩子識字。她與阿正，一個高職畢業、一個肄業，勉強只能教一些，還都是靠阿正去宮廟幫忙時順手拿幾本佛經，要求孩子抄寫經文時順便學的。

阿正的工作都是領現，既無銀行帳戶，也無存款，更別說要繳交勞健保費用。而或許是因為這一家四口相依為命，世界就是自家屋簷下的一方小天地，所以未曾去幫自己的人生想出路；也或許是他們早已受夠阿正家人的冷嘲熱諷，所以有了問題也不知道要找誰求助，因此，過一天算一天，就是他們的生活模式。

小福與樂樂便隨著父母，如同遊牧民族般，在台灣東奔西走，年紀小小，卻以打零工、撿回收為生。一家人飄飄零零，好好過完眼前這一天，是他們最卑微的願望。

雖然這樣說有點傷感，但若非阿正在四十六歲時因腦幹出血而過世，之後由醫院的社工轉介到善願協會這裡，才得以解決此事，否則當時已經十四歲的小福跟十三歲的樂樂，還不知要拖到何時，才能好好受教育。

當時社工這麼告訴我們：「阿珍跟兩個孩子住在阿正的大妹家，但阿正的大妹也是急需幫助的低收入戶。」我們聽了，心知肚明，這母子三人的狀況只能用窘迫來形容啊。

更令社工擔憂的，是阿正沒有健保，他住院的這段時間，阿珍身無分文，只能帶著兩個孩子走路來醫院看他，探視完之後就四處去撿些拾荒物換錢。

我們問阿珍：「那這兩個孩子呢？不用上學嗎？」

阿珍只是低頭無語，無話可回。

社工說他也是第一次遇到這種事，完全不知道該怎麼辦。然而難得的是，雖然家境貧寒，但感受得出來阿珍夫妻倆很疼愛小孩，兩個孩子雖然沒念書，但十分有禮貌，身材雖比一般小孩瘦小些，但也不至於面色不佳。

所以我們常說，協助辦理免費殯葬，其實是為了幫助活下來的人。

在籌備喪事時，我們也開始著手協助規畫阿珍一家人的未來。在那個當下，有兩件事最為急迫：一、積欠政府的保費；二、孩子的教育。

後者不單單是阿珍阿正夫妻要負責任，戶政、社政、警政、教育人員也是需要從中反思的。怎麼會完全沒有發現有這一家子黑戶，完全沒有受到國家的任何保障？

兩個已經國中年紀的孩子至今沒有受過教育，這件事實屬稀奇，他們因此上了新聞。而報導一出來，健保局也立刻出面表示，這家人積欠的健保費用可以一筆勾銷，好讓他們重新展開人生。

接下來，我們也發現，原來阿正之前曾經繳交過幾次國民年金，最後雖然仍有欠費，但只要先繳清，那麼，遺孀便可領到一筆金額，之後每個月還可以領到一些遺屬年金。而更重要的是，我們也成功地幫他們申請到低收入戶補助，幫助他們找了間小公寓安居。

雖然阿珍平日仍是靠拾荒、替人打工維生，收入並不優渥，但加上補助，一家三口總算可以不用再為三餐所煩惱。

在處理完民生所需後，最重要的便是盡快協助兩兄妹就學，趕緊接受國民義務教育。這兩個小孩也很爭氣，讀完一年級時，便在老師建議下，去考了學力檢定，看看能否早些跳級，希望至少能在二十歲之前可以國中畢業。

這一家人，總算是讓人安心了。

當時，以為這件事可以告一段落。

但天不從人願，在二〇一四年社會局普查時，發現阿珍的前一段婚姻生了兩個小孩，都已三十多歲，有工作能力。雖然平時素無往來，但阿珍必須要列舉證明那兩個小孩與她真的並無往來、無法給予阿珍幫助，如此才能繼續申請低收入戶補助。

阿珍慌了，她不知道該怎麼辦，也不知道要跟誰要這樣的證明。

「不然妳告棄養。」有人這樣建議她。

「但我也不需要他們養我啊，這麼多年都沒聯絡，大家早就各自有新生活了。」阿珍一點都不想為別人添麻煩。

「還是你們乾脆斷絕關係？」又有個人給阿珍出這樣的主意。

但阿珍不捨。她心底覺得，自己已跟這兩個小孩緣分很淺了，沒必要走到這步，不如自己苦一些。只是，那接下來孩子的學費該怎麼辦呢？

就是在此時，阿珍當時工作的麵攤老闆娘知道了這事，便爽快地一口應承說：「我先幫妳出，小福平日下課時也一起來打工，再還我就行。」

就這樣，阿珍受到了老闆娘的幫助，兩個孩子順利國中畢業，進了高職夜校就讀。小福念資訊科，樂樂則完成了當年回學校念書時立下的志願：「要好好煮頓飯給媽媽吃。」進了餐飲科，而今也在一間連鎖餐廳打工，做代班工讀生。

或許與家人緣分很淺的阿珍，始終很渴望有個完整的家庭，所以才捨不得跟與前夫所生、早已不相往來的兩個孩子斷絕關係。甚至在日後，當年曾對她惡言相向，始終反對她跟阿正在一起的婆婆得了阿茲海默症、住進療養院，而家人來電要她協助分攤療養院費用時，她也毫無怨言地擔下來了。

「這樣沒關係嗎?」稀哩呼嚕地吃完麵,聽完阿珍的近況,我們不免擔心:「一個月四千元負擔不小耶。」

「沒關係啦,我那傻女兒說她負責,說她的打工無論怎樣一個月至少都付得出四千塊,沒問題的。」阿珍回說。

「那就只能要你兒子多找幾天來打工了。」比阿珍所有的親戚都更像家人的老闆娘在一旁半開玩笑地接了話。

小福和樂樂該入學的那年,因為台灣還沒有實施戶政系統全台互通的政策,加上他們一家人台北、桃園、花蓮四處跑,行政漏洞在所難免。但就因為如此,協會的宗旨之一才會是強調「社區聯防」的重要性,唯有做好最佳串連,才能盡量幫助所有需要被幫助的人。

雖然現在理想中的社區聯防還沒有辦法真正落實在具體的法規上,而阿珍因為前段婚姻的法律限制,所以也無法再申請到政府的協助,但看著阿珍與老闆娘之間的情誼,可能,有些時候,「溫暖與人情」,仍舊是最好的聯防。

一場送行的體悟：

即便台灣已經是高度蓬勃發展的現代化社會，在一些角落，還是很容易會有因為生活圈狹隘或學經歷不足，不僅無法向上流動，還要小心不落到社會最底層的例子。就像小福跟樂樂這兩個無身分證、無健保卡也無入學的幽靈人口。衷心希望阿珍一家人的故事是最後一個案例，以後，不要再有這樣的事情發生。不要再有任何孩子被遺忘。

第11場送行

暗湧之處

時間：2017年

抵達張先生住家引魂的時候，警方黃色的封鎖線已經拆除了。

我們感到有點疑惑。

「一般兇殺案不是都會封鎖現場嗎？」我們問著陪同的警員。

「因為此案已經確認兇手，所以沒有封鎖的必要了。」警員這樣回。

開了門進去，映入眼簾的，是濺血的房間。雖然運送大體許多次，但幾乎都是從清潔冰冷的太平間出發，鮮少到當事人住家，更何況是兇殺案，這樣的第一次，多少讓人有點受到衝擊。

牆壁上原本鮮紅的血漬已經轉為黑褐色，像是訴說著當時的驚怖。而前幾天情緒崩潰的張太太，此刻像是耗盡了氣力一樣，臉色蒼白，不發一語地看著現場。

台灣民間有一個習俗，在引魂前，不可變動往生者離世的房間，主要目的是要讓往生者認得出自己生前熟悉居住的地方。因此，此刻房間仍舊保持著幾天前案發時的模樣，唯一不同的是，乾涸的血跡。

常在西洋的刑事兇殺影集看到，有些人倫悲劇，是發生在表面很和樂、相親相愛的一家人身上。以往總覺得這樣的情節太戲劇化，可沒想到有天，竟也會接手到這樣的案件。

故事發生在台北近郊某住宅區的張先生一家。

張先生儀表堂堂、高眺挺拔、談吐不俗，鄰居對他們一家的印象都很好，覺得他們親切隨和、平日感情很好，張先生也很疼小孩。夫妻倆育有兩女一子，小孩也都很乖巧有禮貌，既可愛又很會讀書。

張先生的太太在百大企業上班，而張先生則在家接案子居多。兩人原先是同事，婚後幾年生了孩子後，先生一邊玩股票，一邊接些軟體相關的案子來養活家人，手裡也攢了一些錢；早些年太太還請了育嬰假，專心在家帶孩子，過著理想的幸福生活。

房東也樂得租給這一戶優質家庭，幾年都不漲房租，想著有個好房客比什麼都重要。畢竟這年頭，找好房客不容易，能安穩過日子就好！

安穩就好，張先生一家人也是這樣想。

可好景不長。

在二〇〇八年的金融風暴後，張先生也受到了波及，收入不如從前，於是張太太復出上班，張先生找了幾間公司，都對待遇感到不甚滿意，於是繼續一邊在家接案子，零星玩著股票，一邊也投入了軟體開發的工作，想要申請專利，尋求創投機會好大賺一筆。

不過，最難熬的並不是經濟狀況，而是人心。

這段時間，雖然家裡經濟緊縮，但也不算有太大的負擔，日子仍舊是過得去。只是男人多少愛面子，雖然表面上裝不在意，但心底多少是難受的。張先生心想：「國際大導演李安的太太還不是這樣一路扶持他到成功，等我研發的軟體成功賣出去後，太太必定能繼續在家專心帶孩子享清福就好。」

不過，那都只是一開始。時間在走，所謂「安穩的日子」不知不覺也開始起了變化。

張先生的計畫一直沒有實現，一年、兩年、三年過去，雖然他把家庭跟孩子照顧得很好，可沒有了成就感，就像拔去爪子跟鬃毛的雄獅，再也不是森林裡的萬獸之王。

而這段時間，張太太的工作也越來越忙，有時晚歸，於是張先生開始疑神疑鬼，原本和樂的一家，鄰居開始在夜晚聽見了爭吵聲。尤其是夜深人靜的午夜，叫囂更是劃破了寂靜。

即便如此，待天一亮，鄰居們碰到面，彼此仍是一貫的客氣有禮，所以大家心想，夫妻吵架難免，不要太管別人閒事比較好。

怎知道，這個床頭吵，並沒有床尾和。

張太太受不了先生長期疑神疑鬼，或許是因為這樣的壓力不知怎麼面對，也抑或是不想老在孩子面前吵架，於是當公司剛好有兩天一夜的外地員工旅遊機會時，她二話不說便報名參加，除了讓自己鬆口氣之外，也可以藉此讓彼此冷靜一下。

只是她不發一語離家，卻讓先生內心原本的黑洞越擴越大。自卑跟自傲的糾結下，面對理性的太太，他只能解讀成：她不愛了、不在乎了。衝動之下，他選擇了自殘，更一併想帶走三個兒女。

一把鋒利的水果刀先是戳在孩子身上，手起刀落，最後再刺進自己的身體，結束了一生。最後只留下了一封充滿負面情緒的信，述說著太太的不忠、貪財，說著「愛就是要讓她自由」。

收到訊息的張太太立刻趕回家中，只剩下屋外鬧哄哄包圍著的媒體、SNG車，還有屋內冰涼沁骨、漫著血腥味的空氣。

原本完好溫暖的家，不過只是一個念頭過不去，被心魔卡住了，就四散了！

在這件慘事中唯一的大幸，是大女兒挺過了難關，存活了下來。

幾天後，我們回到案發現場，口中頌著迎送枉死亡魂的〈覺林菩薩偈〉，師父手擲銅板筊杯、念念有詞呼喊著張先生、張小妹、張小弟回家。

只是到了張先生的部分時，無論怎麼擲，就是過不了。

這時，張太太說了：「跟他說，我會好好照顧女兒，終生不嫁。」

師父一擲，過了，連續三個聖杯。

而兒子跟小女兒，也順利引魂，可以往下個階段邁進。但亡者的事安頓好了，生者所面臨的考驗才剛開始。

留在世上的張太太，一方面要面對女兒創傷後症候群，另一方面有先生留下的龐大卡債和貸款，以及房東要求的賠償金。

那時，我們對張太太的遭遇心有不忍，除了喪禮外，也想要進行更多協助，但張太太婉拒了。她說：「大家能幫忙安排喪事已經很感激，孩子的教育費用，娘家會協助，先生積欠的負債與房東的求償，我也會慢慢還清與再協商。」

張太太的堅強令人不忍，但她的勇敢也讓人動容，我們真切地希望她們能早日走出陰霾。

「張先生恨意好強烈，自己走就算了，連孩子也想帶走。」這樣的事件，聽聞的人難免都會如此想。

但站在第一現場，我們所感受到的，只是濃烈的遺憾。一個男人長期失業、意志消沉，確實是會嚴重打擊自我的信心。不管夫婦兩人是否介意「女主外、男主內」的模式，都難免承受來自周遭親友的各種側目與壓力，因為一般人總覺得男人要堅強、要負起養家的責任，不然就是沒用。社會上對於性別角色的分工觀念太過僵化，讓男人即使想要流露脆弱，想要求助，也不被允許，只能用苦苦壓抑的方式來應對，最後轉變成激烈的毀滅性情緒。

一個原本充滿愛的家，最後竟然是這樣的結果，讓人不勝唏噓。

家庭破碎復原之路很漫長，但這些年來，我們見過許多不幸悲慘的人，到了最後，都是只要彼此有愛、信任、溝通，一定都能互相扶持挺過難關。

一場送行的體悟：

看似體面的家庭，往往暗濤洶湧，甚至隱藏了驕傲、自大、自卑，無法求助，最後反而釀出了更大的悲劇。

在這個容易報喜不報憂的世代，除了現有的協助機制之外，也需要靠大家多多關心身邊的人，幫助他們勇敢說出內心的苦痛；在許多時候只要適時地給予關懷力量，很多難關就衝過了，就不會釀成無法挽回的遺憾。

第12場送行

自書遺囑委任書

時間：2015年

在我們經手的這麼多件喪事中，不管是再怎麼窮困潦倒的案例，總能找到幾個親屬協助。即使偶爾會有找不到親屬的狀況，但是由當事人親自委任的例子卻是少之又少，家樂就是其中一個。

每個人到了最後都是孑然一身，但是否能夠按照自己意願瀟灑脫地走，還真沒有人說得準。有時是不希望有太多包袱跟牽掛，但有時則是不希望變成他人的負擔。

就拿我們所協助的家庭來說好了，我們之所以希望往生者能夠一路好走，很多時候，其實也是不希望他們的喪事為家人增添更多負擔。

在台灣的法令規定下，當受助者離世時，多數需要有家眷親屬幫忙簽署一些授權合約。因此比起辦喪事本身的困難度，我們更需要費盡千辛萬苦以找到他們家人，才能讓整件事完滿落幕。其中不乏要我們好說歹說，才心不甘情不願地出面協助的人。

家家有本難念的經，就因為事關重大，因此有些人會選擇在生前先找公證人作證簽署遺囑聲明，填寫委任書，將後事全權委託某人來處理。

而家樂簽署委任書時，不過才二十八歲的年紀。

家樂是由一位與我們交好的社工小玉所轉介過來。跟家樂年紀差不多的小玉告訴我們：「家樂從十八歲起，就幾乎是以醫院為家了。」對她而言，家樂不像是醫院的病患，她一路看著家樂進進出出醫院多次，早已把家樂當成自己的朋友。

認識家樂時，他是正值應該攀上人生巔峰的二十四歲，但卻因為罹患先天性膽道閉鎖，無法正常上班，導致每份工作都無法持久，最後只能家裡跟醫院兩邊跑。支撐著他的，是辛苦養大他跟哥哥的媽媽，他們一天兼著兩份工作照顧著家樂。

家樂一直很不捨媽媽，因為爸爸過世得早，於是媽媽一肩擔起照顧全家的責任，又因為他罹患的病是先天性的，媽媽不免感到愧疚，所以幾乎把所有賺來的錢都用在治療他的疾病、延續他的生命上。

只是，一個人再怎麼努力，能力仍是有限，尤其是家中有個罹患罕見疾病的孩子，時常進出醫院的家樂媽媽，最後只能靠著在鍋貼店兼早晚班的工作，才能勉強維持家計。

他們母子倆住在三重一間由黑道占據廢棄房屋所建的違建裡，一個月三千五租金的屋子，就像香港的籠屋一般狹小。看著母子倆辛苦的樣子，就連房東都起了惻隱之心，一度還幫他們換了大一點的屋子。

至於哥哥，則對媽媽與他都不是很諒解。他也同樣渴望家人的愛和關注，只是媽媽把心力都放在了需要照料的弟弟身上，無暇顧及另一個孩子。面對愛的匱乏，哥哥選擇了放逐自己，以頹廢不振作的方式來面對。用放棄來處理人生中自覺不被愛的缺憾，導致他到了三十幾歲還是居無定所、四處打零工，只有到了走投無路的時候，才會回家幾天。

但一回到家裡，看到母親呵護家樂的樣子，他又會再度離開，直到下次山窮水盡之時再回來，如此不斷周而復始，始終都過著飄零的人生。

家樂當然也想過要幫忙家裡做一點工作，畢竟母親年紀越來越大，而大了自己四歲的哥哥，似乎也負擔不起照顧母親的責任。於是，他一度藉由常去看病的醫院志工介紹，去了保全公司上班，而因為白天他總是精神不濟，於是特意安排了夜班工作。

怎知才工作不到十天，家樂隨即病倒住院，想要幫助母親的心願沒完成就罷了，怎知就在此時，母親卻也被診斷出罹患了舌癌。

屋漏偏逢連夜雨，持有重障手冊的家樂雖然每個月領著四千多塊的津貼，但再加上罹癌無法正常工作的母親，終於讓家庭落入窘境。

小玉也心急了，開始尋求多方補助。她不僅申請了急難救助補助，醫院基金會也協助每個月提供兩萬元的救助金。只是家樂的罕見慢性病負擔太大，漸漸地，醫院也沒辦法收容他。病床有限，每天都需要打點滴治療、用固定藥物控制病情的他，被安排去了醫院附近的安養院。

從小跟母親相依為命的家樂，雖然面臨母親漸漸虛弱而終將離去的境地，但卻未曾在醫院工作人員面前露出任何不悅的表情，始終維持正面樂觀的模樣。再對照身體健全的哥哥有點孤僻、拒絕溝通的性格，兩者有如天壤之別。

家樂與母親是安貧樂道的人，他身上唯一的昂貴物品就是媽媽為他買來的平板電腦，但這並非是因為他是「媽寶」、對母親予取予求，而是因為終日在病榻上的他，住在沒有電視的多人病房裡，這台平板就是他唯一的對外管道。學歷僅國中畢業的家樂，幾乎沒有朋友，他的朋友不是社工，就是醫院那些志工媽媽了！

其中更讓小玉加倍不捨的是，當家樂媽媽忙於治療舌癌時，家樂終於在病房中認識了多年來唯一一位年齡相近的朋友，家樂天真地信賴、喜愛他，到最後甚至託付那位病友去幫忙領救濟金。然而小玉和其他志工發現，那位病友不過是想要詐騙家樂的錢罷了。他們怕家樂傷心，不知道要怎麼拆穿這件事，但又希望他能多多防範。

也或許，其實家樂根本隱約知道對方存心不良，但他太需要朋友了，所以才選擇不面對。

孤獨寂寞的家樂，在母親住院時，兩人也見不到彼此一面，他一個人面對著疾病，能夠仰賴的只有這個偶爾才出現的朋友而已。

只是這位所謂的「病友」，在幾次被社工告誡後，終於也逐漸消失。到了家樂最後一次住院時，那人再也沒有出現。

家樂是在九月過世的。在他離世之前的兩個月，他的母親也因為不敵癌症而比他先走一步。他母親去世的時候，看著家樂也越來越差的身體，小玉不斷思考著，該怎麼跟他說才好。

然而家樂彷彿早有預感，當小玉跟他說了這件事後，家樂僅是淡淡地問了一句：「哥哥有來處理這件事嗎？」就沒再多說什麼。

直至家樂再次住院時，哥哥終於直截了當地表明了自己無法照料，他沒辦法像母親那樣忙完了工作便到醫院整夜陪伴著。於是家樂再次回到了與母親生活的那間殘破小屋，過著仰賴低收入補助的生活，一直到生命即將終結的末期，才再度回到了附近的護理之家。

此時家樂已經表明要簽署不急救同意書，同時也知道了有協會可以協助免費殯葬，這是沒有選擇的選擇，而哥哥聽聞此事之後，當然也同意了。

有人說，一個人要離世的時候，自己是會有感應的。在家樂僅存一點意識的最後幾天，他特地委託了小玉找來公證人，決定要一個人俐落地走，不要再給從小因為他的疾病而感到自身缺乏母愛的哥哥，任何的負擔。

家樂用力地握著筆，吃力地一字一字簽下同意書，表明「死後的一切，都交給善願協會處理」。歪歪斜斜的字體，就像是他在人生中一路以來的掙扎。

他只要簡單的喪禮就好，遺體就以樹葬的方式回歸大地，與天地合而為一，他的身體跟靈魂都跟隨著母親離去。他最後僅存的願望，是希望活在世上的哥哥，能夠振作地好好走下去，過好未來的人生。這是他對哥哥的虧欠。

小玉感嘆地說：「這是一個莫可奈何的家庭悲劇。我相信家樂的母親始終都很疼愛這兩個孩子，但對於罹患罕見疾病、沒有謀生能力的家樂，母親總是會多了些擔憂跟愧疚，因而忽略了才相差四歲、其實也同樣需要關愛的大兒子。」

很多人說，人生只要靠努力就可以成功。可在醫院當社工那麼多年，小玉很清楚地知道，有些事情，真的不是努力就有機會改變。只是，她同時也在這對兄弟身上發現，要怎麼面對看待自己身上所發生的事，這卻是每個人可以決定的。

小玉最後的願望也跟家樂一樣，真心希望家樂哥哥能夠放下過去那些不被愛的感受，好好重新開始，邁向康莊大道，也能夠擁有自己的一片天。但無論如何，她最無法忘記的，是家樂那總像個大孩子般談天說地的笑臉，因為那張笑臉，是天生罕見疾病、困苦的家境，甚至是幾乎沒有朋友，最後還被唯一朋友騙的那些日子，都沒能抹滅的。

一場送行的體悟：

家樂的一生或許沒有像他的名字一樣一家和樂，可是他卻擁有始終能正向面對人生波折的力量。而這或許也是我們面對苦難時，唯一能夠支撐下去的方法。

活著，其實就是一場修行。修行是一種智慧的行為，而每人課題不同，在許多時候我們只能盡心盡力，將結果交給上天，並過好當下的每一天，這就是最大的恩賜。

第13場送行

第二個一輩子

日期：2013～2016年

「真正的愛情是在面對病痛死別時，才知道這是否是永遠的愛。」這是一句時常聽到的話。

而因為職業特別的關係，在我們多年來工作歷程中，更是親眼看了不少感人的故事，在在都驗證了這句話的真實性。有的恩愛夫妻，至今在提起自己已經去世的另一半時，仍是忍不住老淚縱橫，讓在場的人也紛紛都紅了眼眶。

但愛情是一種很奇妙的東西，有些人會讓你感覺他是用情至深，但也有些人則是會讓你覺得太執著了，兩者其中，有著微妙的差別。

以小霞為例，她的故事就讓我們聽了都直搖頭，直說著：「傻啊，真的太傻！」

小霞與她的另一半老林，其實並沒有法律上的夫妻關係。這一點，也並不算太特別，許多相伴到老的人都不見得有法律的約束與保障。但在沒有法律約束狀態下，仍能長達數年不分晝夜地親侍湯藥，無怨無悔、不離不棄，這點就很特別了。

一般有婚約在身的人，都不見得能夠這樣努力到最後，何況是沒有。也因此，在初聽到故事之時，讓我們不由得對小霞感到佩服。

而在與小霞幾次見面的互動裡，我們也發現她工作能力很好、很勤快，動作也俐落，甚至她也是在我們協助的個案裡，少數幾位當喪禮結束之後，便隨即重新回到正常生活軌道的人。

但就是因為這樣，當小霞上門求助，這才顯得奇特。

我們一問之下，這才發現，原來小霞和老林在一起的最後幾年裡，老林不幸罹患了口腔癌，並且出現失智的症狀。為了照顧他，小霞無法外出工作，就連這些年的一點積蓄都全數用盡。而在接下來連續數年的長照時光裡，她的身體也因為過於勤奮地照料，積勞成疾。可是小霞始終都無怨無悔。

對於小霞的用情之深，我們都深受感動，也好奇著她與老林的愛情故事。

認識老林的那年，小霞不過才二十出頭，才剛出社會沒幾年。她在一家電子公司上班，有份收入不錯的工作，是個讓父母放心的孩子。

小霞什麼都好，唯一的缺點就是個性內向，不太喜歡與人交際，即使到了適婚年齡，對周遭親友的催婚也不以為意。

偶然在一次聚會下，她認識了經營遊覽車公司的老林。老林出手大方、交友廣闊，跟個性內向的小霞完全不同類型，認識小霞後，他用積極的攻勢，打動小霞的心，每次約會都呼朋引伴、好不熱鬧，而小霞看著老林對員工朋友十足夠義氣的樣子，也深深覺得他是個可靠的好男人。

而最讓小霞感動的是交往沒多久，老林就把所有的薪水都交給小霞打理。在那個時候，小霞自己有份薪資優渥的工作、有個事業有成又疼她的男友，生活幾乎是像童話故事一般幸福。

只是現實生活不是童話，總會有缺陷，而在他們的故事裡，那個缺陷是老林離過婚，而且年紀大她十幾歲。為了避免他人的指指點點，小霞以很低調的方式與老林交往。她總是用「朋友」來稱呼老林，但老林的朋友都知道，小霞是他的女朋友。

不過在小霞這邊，情況就非如此了。直到二十年後小霞從電子公司退休，都沒有任何一位同事知道這位工作嚴謹、始終未婚的前輩，其實多年來一直都有著一個相知相守的伴侶。

「就算離過婚、年紀比妳大，都不是什麼見不得人的事啊，為什麼不讓大家知道呢？」我們忍不住問。

「感情這種事，幹嘛要告訴別人，那是自己的私事。」小霞嘴硬地這樣說。

在與她更為熟稔之後，我們才終於發現了真正的原因：對於這段關係，小霞的父母是站在反對的那一方。當然，老林不是沒跟小霞求過婚，但她總說不想結婚生小孩，但在我們看來，家人的反對才是主因。

不過有時候，時間就是一切問題的解藥。終於，在好幾年後，小霞父母看到女兒過得好，也逐漸可以接受老林。

可是婚還是結不成。交往後的第五年左右，台灣的經濟開始不景氣，老林遊覽車公司倒了。不過因為他為人豪爽海派的關係，倒也很快就經由熟人介紹，到了以前員工的運輸公司上班。雖然日子過得無法像以前那樣優渥，但也算是經濟無虞，更何況老林對女友的呵護疼愛、甜言蜜語從沒少過，因此小霞也不以為意。

然而交往久了，問題總是會一一浮現，其中最大的問題就在於，老林身為老闆的心態並沒有隨著他公司倒閉而消失，大手大腳、愛花大錢的毛病仍沒有改過來。

他的薪水還是都交給小霞處理沒錯，只是伸手拿錢的次數越來越多，等到小霞某天猛地察覺不對，這才發現，兩人的生活，已經幾乎都是在靠小霞賺錢養家了。

由奢入儉難。老林沒辦法放下老闆的包袱，愛面子的他，仍舊想當大哥；而逞強的小霞，也不願意暗示老林，問他是否可以過著比較簡樸的日子就好。

老林原先只是喜歡熱鬧愛貪杯，但也許是因為經濟狀況影響了心理狀態，不改海派的他，同時還染上了賭博的習慣，這一賭，就無法回頭。貪杯加上賭博，無疑是雪上加霜。

小霞勸過他，好幾次也想離開，最後甚至提了分手，但每次都在對方的懇求之下心軟回頭。

「他其實是個很好的人，只是愛花錢。但愛花錢也是因為朋友多，他就只有這毛病，其他都很好。」小霞這樣說。

小霞講得一往情深，但現實情況其實一點都不好。

到後來，我們才知道，老林花錢花到虧空公款，但從前員工給他面子，也感念他以前的照顧，只跟他說把錢還回來、自行離職就好，不打算與他對簿公堂。可這一賠，老林就把小霞的幾百萬退休金全部賠光了。

講到這裡，小霞才終於坦承，其實她後來不願嫁給老林，多多少少是因為他的愛賭。她不想嫁給愛賭的男人，更不想替這樣的男人生小孩，因為不管是孩子還是她，一點未來都沒有。

只是，她的理智雖然提醒著她，讓她得以堅持不要結婚生子、賠上未來，但另一方面，她卻也仍然沒有與這個男人分手的決心。到頭來，每分每刻，她仍然在消耗自己。

而再次失去工作的老林，也沒有因此自我反省，學習安穩過日子，反而開始把小霞當成無限制的提款機。在入不敷出的狀況下，小霞別無他法，又回到了職場上。

工作能力很好的小霞，因為手腳俐落、個性又不八卦，深受雇主的喜愛，每個月都可以領到五、六萬薪水。以一般沒有小孩的家庭來說，其實是足以過著舒服的日子。然而老林就跟大多數的賭徒一樣，總想要再賭一把翻身、想靠著賭博過好日子，總想著：「只要大贏一次就夠了！」於是更加變本加厲。十賭九輸，偶爾運氣好，確實有小贏的時候，但怎樣也比不上消耗的速度。

只是小霞傻得不想放棄。她持續還錢，即使永遠有接不完的討債電話，她努力想要拉老林一把，希望他會覺醒。而在這不斷消耗自己的時光裡，她也與家人漸行漸遠。

不過說來可悲，在她還無能讓老林清醒之前，時間就再次幫她解決了難題：長年有吃檳榔習慣的老林，被診斷出罹患了口腔癌。

一般人提到另一半生病，都會悲傷不捨，諷刺的是，小霞卻說：「我鬆了一口氣，因為至少他沒有力氣再出去海派、再去賭了。」

然而欠的錢仍是要還，當老林要開始住院時，小霞便查清了所有欠債，並一一還清，愛面子的她不想落人口舌。

走到了這個地步，這對伴侶已落得身無分文，不知未來在哪，但噩耗卻是一件接著一件。接下來，老林也被診斷出頸椎需要開刀，然後是確診罹患了阿茲海默症。從此之後，日子便是在醫院裡進出度過，最終小霞不得不放棄穩定的工作，開始居家照顧的生活。

在外面，小霞還是維持著光鮮亮麗的模樣，若有人問：「最近好嗎？」她也只是笑笑地說：「很好。」

因此，最先發現不對勁的，並不是家人，而是經常去購買便當的店家老闆。他納悶著，這向來工作勤奮的女子怎麼最近每天都在家附近出現？於是稍微探聽了一下，便問小霞要不要來便當店「幫忙」，希望助她有份穩定工作。

不過隨著後來老林進出醫院的時間越來越頻繁，小霞能工作的時間也跟著越來越少。雖然便當店老闆仍是好心地說：「沒關係，薪水還是一樣，妳時間再補給我。」但以小霞倔強愛面子的個性，怎麼可能會答應？她覺得自己被施捨了，她不需要別人的同情、不想被鄰居議論，於是斷然辭去了工作。最後只能偶爾接接之前熟識的家事管理客戶發給她的案子，一個月收入僅一萬多。

在這些漫長的看護過程中，小霞不只是沒了工作，她的身體也因為長期勞動受傷開了刀。可是即使彈盡糧絕，但好強的性格使得小霞不願求助，是細心的社工先察覺出了端倪，並再三保證別人不會知道他們有申請補助、不會被人貼上標籤，她才終於首肯，願意讓社工幫老林申請了低收入戶補助，終於能勉強過日子。

老林的病拖了很久，最後完全失去任何自理能力，需要用鼻胃管灌食食物跟營養品。隨著生命進入倒數計時階段，在生活拮据的狀況下，志工也向小霞開口，提議了免費殯葬服務。

剛開始，小霞仍是和之前申請傷殘和低收入補助時一樣，說什麼都不肯，覺得這樣丟死人，很怕被人發現，就像她從前無論如何都不想要社工來家裡探望一樣。直到最後，我們再三跟她保證，絕對不會穿著志工的背心出入他們家跟醫院，她才終於放心點頭。

等到喪禮結束，或許是心情上感到終於解脫了，從未在我們面前掉過一滴淚的她，開始會說一些內心話，同時也很感謝我們的幫忙。

她提到老林走後，跟家人開始恢復了聯絡，家人也希望她搬回去住。但她仍想維持現況，並不願給其他人多添麻煩。她也告訴我們，之前的雇主再度請她去做家事管理，還幫她介紹客戶。

不過在這之中，最令我們感動的是，除了道謝和堅持所有事都可以自己來以外，小霞也漸漸願意分享她內心裡的傷痛。

有天，她突然脫口而出告訴我們，老林剛走時，她曾經想過自殺。她想著一個意氣風發的男人，走的時候只有五十三公斤，有時也忍不住絕望，想著自己要不要乾脆也走了算了。然而等到情緒稍為平復時，她也會想，好不容易自由了，為何不好好留下呢？

她也曾懊惱，本來自己有過很多機會，可以過著好日子。不管是退休時，還是在做全職家事管理，或是其他時間點，她其實都可以選擇離開。可是常常念頭一轉，又覺得老林不是那麼糟糕。老林曾經帶著她到處旅行，足跡遍佈日本歐美，他們曾有過一段美好的日子。

現在，她偶爾也會問自己：「還有機會能夠擁有自己的旅行嗎？有辦法在剩下不多的日子裡，有著不一樣的生活嗎？」

老林走的時候是七十七歲，而今她也六十幾了。面對未來，她說不上好與不好，畢竟就這樣愛了一個人，愛了將近一輩子。一輩子的時間有多長？該用什麼計算？但再苦的日子她也挺過來了。

其實聽小霞說著自己的故事時，真覺得不過是個愛面子又愛過頭的傻女孩。愛著一個男人這麼長的時間，但真正有被疼愛的感覺，或許只有早先那三五年而已。可是，這終究是她的選擇。

因此，我們也只能要她放眼現在，告訴她：「很高興妳跟家人恢復聯絡，不管怎麼樣，有家人在身邊，總是好的。」說到底，最希望的，還是她能夠把過去放下，好好自在地去享受真正的第二人生，開心地過自己第二個一輩子。

一場送行的體悟：

其實我們對小霞是感佩的，因為她對老林不離不棄的對待，不就是人們心目中的真愛嗎？但，有時候，只有單方面無止盡的付出，也是不夠的。

雖然現在有些年輕人的速食愛情讓長輩看了有點感冒，但換個角度想，在愛情世界裡，學會保護自己也是必修學分。每個人都有權利去追求更好的人生，愛到深處，也不要忘了這件重要的事才好。

第14場送行

棉被的重量

時間：2009年

「孤苦的姊妹花，沒了父母，在世上飄零，過著沒有身分的日子，只求三餐溫飽……」

這樣的情節，彷彿是電影裡才會出現的，但卻真實發生在我們身邊，在我們生活的這塊土地上。

認識馨儀是在一月，印象之所以深刻，是因為當時正值農曆年間，強烈寒流來襲，而她的妹妹馨玉就是因此而往生。

之前就曾聽志工提過這對姊妹花，只是沒想到見到面時，一個已經不在了，更沒有想到，她們原來是連身分證都沒有的幽靈人口。

她們姊妹倆住在林森北路巷子裡隔了好幾間的木板雅房中，平日就是打打零工、洗碗顧麵攤。住所條件之簡陋，就連基本的保暖都不足，因此當妹妹因肝病身體虛弱、加上寒流天氣導致氣喘發作時，缺乏生活常識的姊妹倆，以為只是感冒，便只是買了成藥來吃。

馨儀以為等到天暖了，妹妹就會恢復健康，沒想到這一病，卻奪走了妹妹的性命。相依為命的妹妹就這樣走了，馨儀不知道該怎麼辦，只能用唯一的一床棉被裹住她，就這樣把屍體放了三天。直到屍水滲出，惡臭外溢，鄰居察覺不對勁，找來房東，才知道發生了這樣的憾事。

我們在接到電話後，在前往她們住處之前，先繞去買了一床棉被帶過去。助人工作做了這麼久，需要提供棉被，這是第一次。

在狹小的房內，看著姊妹兩人年輕時的照片，也是面目清秀之人，但人生難料，誰知會經歷這麼多滄桑，最後變成如此呢？我們不禁問馨儀：「發生了什麼事？」在我們面前的她，已經五十六歲了，不復照片裡的少女模樣。而她與她妹妹的故事，要往回推到四十幾年前。

原本馨儀與父母妹妹一起住在苗栗山上的部落，但因為受不了繼父每次酒後便不由分說地打罵，又老是逼她下田採茶、不讓她上學，有一天，她牙一咬，便逃家去了桃園的工廠上班。當年，她才僅僅十二歲。

不過雖然是獨自出外做工，馨儀還是很掛念八歲的妹妹，三不五時就會回去探望她。而年幼的妹妹也不堪父親的打罵，每次見面，便不斷央求著姊姊帶她一起逃走。終於有那麼一天，馨儀便將妹妹帶走了。

兩姊妹先是逃到了桃園，最初一同在工廠裡當童工。年紀還小，當然也會想家，因此偶爾還是會偷偷回苗栗看家人，只是每次一靠近家門，聽到的總是繼父喝醉打人的聲音，想著想著，又不敢回家了。之後兩人輾轉到了台北，在一家餐廳裡工作，但因為學歷不高，始終只能賺一點微薄的工資，頂多得以溫飽而已。

一直到了成年時，她們聽同事說應該要去領身分證才是，可是同事又告訴她們，身分證需要回家鄉才能領，也要持有戶口名簿，才領得到。於是姊姊趁著繼父不在，鼓起勇氣偷偷回了家一趟，才順利領到了身分證，只是後來遇到需要換證的時候，就沒有那麼幸運了。

即使至今已過了三十幾年的時間，但姊姊回想起那天，仍歷歷在目。馨儀清楚記得，那次跟妹妹一起回家時被繼父給發現了，於是兩人發著抖躲在排水溝裡，那天天氣很是寒冷，天寒地凍，她們在排水溝裡緊緊相擁，不斷祈禱著不要被繼父發現。

從此之後，姊妹兩人就成了沒有身分的幽靈人口。因為太害怕被繼父給抓回去，於是索性就不要身分了，比起身分，自由跟安全比較重要。

上天給了她們逃離暴力跟騷擾的勇氣與堅持，但接下來的人生，卻沒有人告訴她們該怎麼往下走。雖然逃離了繼父的暴力陰影，但姐妹倆其實始終都生活在陰暗處。

她們過著影子般的生活，幾乎沒能存在於幾個人的記憶中。她們人生所擁有的，沒有嶄新的明天，只有一次次地失去今天。

就如同一直到了妹妹過世後，在申辦相關程序時，大家才驚覺，這兩姊妹不只是因為貧窮繳不起健保卡費而已。早在民國八十五年時，她倆就已經因為當了幽靈人口太久，被宣告死亡，這四十幾年來都沒有任何身分。

這樣一來，早就被宣告死亡的馨玉，根本無法開立死亡證明，也沒辦法舉辦喪禮。於是只能先讓妹妹「死而復生」，恢復身分後，才能宣告死亡。讓馨玉活過來的目的，是為了要讓她能夠有往生的官方認證，這真讓人大感荒謬，又不勝唏噓。

電視連續劇裡的苦情姊妹花，最後總是能夠獲得幫助，得到幸福。然而，真實生活裡，若底層弱勢只能等待他人的幫助，往往是等不到的。當我們與個案聯絡上了，能替馨玉所做到的，也只剩下送她一程。

而我們所能給馨儀的，是讓她在剩下的歲月裡，能夠過得舒坦點。五十六歲的她，看來比同齡的人蒼老許多，像是七十幾歲的老人，罹患了多種慢性疾病，還被診斷出有癌症。

我們曾問馨儀說，難道不想找個伴嗎？這些年來，難道除了與妹妹相依為命，都沒有遇過適合的對象嗎？馨儀講起了往事，說起自己曾跟一個在月台賣便當的男孩頗為要好，但說著說著，語聲又飄遠了，她只是不斷細碎地喃喃著：「還是妹妹好啊，只有妹妹，最好。」

料理完妹妹的葬禮後，馨儀還是住在原先的那間屋子，房東善待她，幫她換了間房。她偶爾在麵攤打工，但體力已經不太能負荷。我們後來再去探視，問她身分證跟健保卡都有了嗎？她說有，但想要去申請清寒補助，卻始終申請不到。

我們細探了箇中原委，猜測應該是她不知道該怎麼做，便趕緊打電話去當地區公所，因為她同時也具有原住民身分，照理來說，應該更可以獲得補助。姊妹倆雖然很早就獨立，出來工作賺錢，但因為缺乏教育與常識，導致連一些基本的福利跟照護，都沒辦法拿到。

萬事底定之後，我們仍持續與她有所聯繫，也不時關心她的生活起居。馨儀說，這些年來她回去過幾次苗栗，但人事已非。她只覺得活得很倦了，可日子只能過下去。我們允諾她，會繼續為她處理補助金的申請事宜，讓她毋須為了基本所需而憂愁。

從前的她，是幽靈人口，但與妹妹兩人靈魂緊緊相依，如今獨留在世上，雖然有了一紙身分，卻像失去了靈魂的重量，只剩軀殼，在這社會上飄零。

人生畢竟不是電影，無法總是有皆大歡喜的結局。我們只能盡量讓這樣的憾事漸漸減少，讓每個弱勢者，都盡量得到最好的照護。就像是那床棉被，雖然很輕，但對需要的人而言，卻非常重要。

一場送行的體悟：

童年的創傷會影響人的一輩子，這對姊妹花的父親所帶來的暴力與傷害，影響無遠弗屆，在這樣的陰影底下，她們只能選擇過著飄零的一生，實在讓人不捨。

我們事後常在想，這四十多年來，若有些人發現她們的困境，事情是否就能有所改變？因此，請不要吝於關心身邊的人，也不要覺得自掃門前雪就好，發現異狀時，只要多一點在乎，或許就能改變他人的人生。社會安全網絡除了要靠政府公部門的規劃，仍需要靠大家各自付出，才能夠累積出更大的力量。

第15場送行

樹葬與花葬

時間：2017年

我們時常說：「喪禮是為了後人而辦。除了是讓活下來的人得到安慰，更是希望，即使死者今生有什麼不愉快或糾葛，只要好好地走完今生，來世便能期許有更好的人生。」

但是，假若有些人離世之後，我們並沒有為他們找到可以祭拜他們的家人；或者亡者在離世前曾有所主張，希望別再讓世上的親友為他們而牽掛，甚至盼望今後能夠從此解脫、完全放下，那麼，我們就會選擇花葬或樹葬的方式，讓一切回歸塵土，讓他們的魂魄與天地合而為一。

另外，除了上面說的那三種可能性之外，對於沒有下一代的委託者，我們通常也會主動建議以這樣的方式來進行。

乍聽之下，或許有人也會疑惑：「既然如此，那麼，你們接手的那幾位遍尋不著家人的外國人個案，為何不比照辦理即可？」

這是經過審慎考量的。花葬跟樹葬，需要徵求本人或家人同意，換言之，必須在當事者有意識的情況下辦理才行。死者為大，在我們看來，死者的願望比什麼都更重要。而在外飄盪的遊魂，或許某天，他們的家人也會想要迎回他們的遺骨，或希望能到牌位之前看看他們、表達追思，因此，這種方式就不太適合。

在北部地區，目前有花葬服務的，便只有陽明山第一公墓，樹葬則是在富德詠愛園。而這些年來，在我們服務的案例中，亦有越來越多人選擇較為環保、經濟上也較無負擔的花葬與樹葬。

這兩種方式，皆是將研磨骨灰裝進環保材質的紙盒中，埋葬在樹叢或花叢下，待時間久了，便會漸漸分解。而每次的樹葬也會來回輪替於不同的樹種之中，像是肉桂或桂花，一棵樹下可以放十二位，大約一年輪替一次。

協會中有兩位志工便是專門負責樹葬和花葬，成軍以來，已處理了一百多件。而在這一百多個案例裡，其中在二〇一七年某月，我們同時所服務的兩個案件，便呈現了天差地別的兩樣情，讓我們始終難忘。

第一個是從事鐵工單身的老黎。在他離世時，家人紛紛走避，不是原本就對他心懷怨懟，就是怕麻煩、不想面對。他怎麼走到這一步的？家人始終避談，我們只能旁敲側擊，約略知道老黎原先有份固定工作，可是因為染上濫用信用卡的惡習，最終積欠了龐大卡債。

欠債還錢是天經地義的事，只是老黎不想被強制扣款，於是轉而從事鐵工，心想只要領現金，便不需要透過薪資轉帳，如此一來，就能逃避債務。可再怎麼具有逃避現實性格的人，面對死亡時，還是只能等待命運降臨啊。

在罹患食道癌之後，老黎的積蓄也漸漸用盡，最後住進了教會，由牧師協助看護跟灌食用的飲品。

而在這之前，則有他的大妹悉心照顧。她會願意這麼做，不是因為惦記情分，而只是基於單純的道義與責任。因為說穿了，這一輩子，大哥並未給過她任何的溫暖關懷。只是到了癌末，負擔越來越重，漸漸的，大妹也對這位哥哥感到生厭，便逐漸失聯。至於其他姐妹，也都是自身難保，自顧不暇。

老黎的大妹在他生前為他做的最後一件事，便是為他申請低收入戶。然而老黎也等不到核准的那一天，便撒手歸去。

也許是對人生感到懊悔吧，臨走前，他告訴牧師，自己想要花葬，今後不再替姊妹們添麻煩。

辦理喪事的那天，老黎的二妹來草草簽了名，面無表情，毫無悲傷之意。人生到了終局，留給旁人的，只剩下冷漠的感受。五十八歲的老黎，放縱了一生，最後只剩虛無，而至親只想趕緊與他切割，從此再無瓜葛。

常聽人說：「一個人能安穩地在睡夢中去世，是最大的福報。」但有時我們也認為，死亡其實是每個人對其一生的檢視，若總是自私地過日子，未曾替他人著想，最後蓋棺時就會十分悲涼。在離世前，老黎所擁有的，不單是金錢糾紛，更是滿滿的孤寂。

但反觀阿樑與前妻之間的故事，就讓我們曉得了什麼叫有情有義。

因為家族中有罕病基因的關係，阿樑跟弟弟兩人婚後各自生下了一個罹患脊椎肌肉萎縮的孩子。之後阿樑與妻子離了婚，孩子交由妻子扶養。

而當阿樑被診斷出罹患癌症之後，母親跟弟媳便二話不說，一同肩負起照顧他的責任，他白天由母親照顧，晚上則是跟媳婦換班，而所有的費用也都是由弟媳承擔。

當阿樑的前妻小華聽到消息時，也立刻表示想要一起幫忙照料。一開始，阿樑的家人頻頻婉拒，畢竟都已經離婚這麼久了，況且小華還獨自照顧著二十一歲的女兒，怎麼好意思呢？

但她卻說：「夫妻雖然緣分結束了，但情分還是在啊。」

在離世前，阿樑選擇了不讓家人未來有所負擔的樹葬。

樹葬那天，小華一路跟著，但卻滿臉笑容，因為當天我們去富德詠愛園的時候，碰巧前總統馬英九也去祭拜父親馬鶴凌。

小華看了，微笑地說：「阿樑一定很高興，這是老天送給他的禮物，因為馬英九是他的偶像。」一陰一陽，粉絲與偶像竟然在這樣場合巧遇，但對亡者阿樑一定起了療癒作用。

小華原本嚷著要拿手機去拍張照，最後還是因為樹葬的時間要來不及了，我們趕緊把她給叫回來。雖然在一旁都覺得小華此舉有點太過，前總統祭拜至親，怎麼好要求合照呢？於是心裡不禁莞爾，但同時也有點感謝這段意外的插曲，讓這天的志工工作不會讓人太感到沮喪疲憊。

兩人彼此之間的羈絆，到最後，剩下的都是美好回憶。

大體回歸塵土，那些好與不好的記憶，有些會留下，但有些也會隨著時間消失。

樹葬與花葬，多半是在世能懷念他們的人不多，且情感有所衝突，才會做這樣的選擇，因此這些年來也不是沒看過在樹葬時，家屬仍舊不諒解死者的狀況，更多是像老黎那樣，家人之間十分疏離，葬禮結束後，大家便想著趕緊道別，好好過回原先的日子。像阿樑跟他家人這樣的深厚緣分，實屬難得的佳話，也表示了阿樑生前做人實在是很成功的。

死亡的時候，一個人如何被對待，是對每個人一生的檢視。

雖然老黎與阿樑的人生際遇不同，但最後一致選擇了類似的方式安葬。當揮揮衣袖不帶走任何一片雲彩地離開這片土地時，無論貧窮富貴，無論樹葬或花葬，這都是在宇宙自然的脈動運行。在回歸塵土之前，我們，其實可以有更多的選擇。

一場送行的體悟：

這些年我們看過各種死別，隨著時代演進，對生死看法的改變，花葬跟樹葬也成了越來越多人的選擇，不再迷信舊有的習俗。這也表示，人們面對死亡的心態越來越健康了，或許多少可以遏止「送終」這件事為人們所添增的包袱跟負擔，特別是弱勢家庭，朝向「厚養薄葬」的方向走，對此，我們也樂觀其成。

第16場送行

不執不念

時間：2016年

有時候，我們會開玩笑說，在協會，其實是在從事尋人服務的工作。

雖然我們提供的是免費殯葬，可是這幾年下來，卻也深深體悟到了，所謂的「送行」並不只是協助往生者能夠有個儀式，更多的是幫這些離世的人找到失聯已久的親屬，好前來送他們最後一程。落葉歸根、回到親人懷抱的圓滿，也是這些人所追求的，這已無關乎法律需要親屬簽署授權的種種規定，更多是關於心裡頭的感受。

在我們協助的個案裡，無論是單親家庭、清寒家庭，或是低收入家庭，都相當常見，但同時也有許多因為種種因素而與家庭關係緊張、甚至離家的人。然而不管他們之間有多少不堪往事，在離世時，大多數人最後還是希望能見上親人最後一面，送上最後一程。

當然，見了面之後盡釋前嫌的很少，我們也曾看過只見過幾次面的兒女，心不甘情不願地前來送行，卻在路上突然嚎啕大哭起來的例子。

人都有執念，尤其如果曾遭遇過不好的對待，往往會在心上留下疙瘩或傷痕，難以抹滅。偶爾，也有能夠盡釋前嫌的例子，某一天，醫院社工小琪就跟我們分享了這樣的一個故事。

故事的起源是我們剛幫一對劉姓兄弟倆辦完父親的喪事，兄弟兩人都還很年輕，哥哥二十一歲，弟弟十八歲，還帶了個看起來年紀差不多的太太，而她手裡正抱著年幼孩子。兩人話不多，但一直很客氣，也有禮貌。

我們對他們印象很深刻，所以那天小琪來協會喝茶聊天時，就聊起了這對年輕的孩子。

「我一開始真的沒想到，這兩個看起來酷酷的、很年輕，但卻這麼有禮貌乖巧。」小琪對他們兄弟倆也是印象深刻。而這兩個孩子，就是她幫忙找到的。接著小琪講起了幫大劉尋找兩個孩子的過程。

即使是因急性肝炎入院，病情讓他雙眼凹陷、牙齒暗黃，但看得出來，大劉在年輕的時候應該是個風流倜儻的男子。只是也猜想得到，才四十七歲的他，先前過的是全然放縱的人生，才會淪落至此。

在他的世界只有享樂，沒有別人。雖然年屆知天命的年紀，也是兩個孩子的爸，但大劉仍舊是個月光族。他的薪水並不差，在水果店上班，月收入三萬多，在三重住著一間七千塊的房子，並不是那種身無分文的人。只是他有多少就花多少，到處吃喝玩樂、交往豬朋狗友，看起來似乎很受歡迎，然而諷刺的是，他住院之後，卻從沒有人來看他。

剛住院時，他還有餘力向社工吹噓自己的人生，說在外面人面多廣、關係多好、朋友又多，但很快地，他漸漸失去自理的能力，當他知道了手術評估結果，自己並無法做肝臟移植手術後，終於才卸下了驕傲的盔甲，坦承自己只是個沒有存款、無依無靠的中年男子。他很擔心無法負擔醫藥費，也無力負擔請人來照顧他的費用。

在醫院久了，小琪大致可以判斷一個人大概還能夠存活多久。當她知道大劉狀況危急，想起了他曾提過膝下有兩個失聯已久的孩子，便試圖開始幫大劉聯繫。因為是急性肝炎，所以大劉走得很快，六月住院，一個月後就往生了，當時孩子都還沒找著。

不過在尋找小孩的同時，小琪也掛心著另一件事，因為大劉就如同所有任性自私的父母一樣，多年來，他未曾照顧過他的兩個孩子。所以就算真的追蹤到兩個孩子了，事情也很可能只會更糟。

大劉大兒子國二就離家，二十歲就入獄，今年五月才出獄；而十八歲的小兒子小學四年級就被送去育幼院，高中沒念完就休學，直到去年結婚，才離開育幼院，自組家庭。十七歲的小妻子幫他生了一個女兒，雖然年紀輕輕，但這卻是妻子的第二段婚姻。

讀到這裡，你會怎麼想像這對兄弟呢？如果就刻板印象來看，多少會覺得這將是個超級棘手的案例。是否是一對無賴兄弟？還是電話一撥通、就立刻被掛掉？或者是來了之後對社工們予取予求，其實比父親更需要金援？

小琪帶著忐忑的心情見了這對兄弟，卻驚訝地發現對方跟她想像的完全不一樣。他們一點也不張牙舞爪，還十分有禮貌，個性單純，若不是在會面之前先調查了他們的背景，否則根本不會有先前的憂慮。小琪頓時對自己先入為主感到有點抱歉。

在客氣有禮的外表下，仍然看得出來他們只是個孩子，反而是小兒子那十七歲的小妻子，或許因為早就為人母，反而還更機靈、更懂得人情世故些。

當天劉氏兩兄弟一進門，立刻就坦誠了他們經濟狀況。兩人都不算有穩定工作，都在酒店當少爺，收入乍看不錯，但也是過著看不見未來的日子。而且小兒子每個月光房租就要負擔一萬九千塊，更別提還要照顧家庭孩子。

談到最後，兄弟倆婉轉地表明，其實他們已經很多年沒看過父親了。這些年來父親未曾照顧過他們，他們所擁有的，只有淺淺與母親相處的回憶。

於是小琪趕緊表明，要他們不用擔心，只是接下來的殯葬相關事宜有些手續，需要他們協助而已。

兄弟倆聽了，憨直地點點頭，絲毫沒有小琪原先預計會有的「江湖氣息」。反而是十七歲的小妻子靈巧地再三確認：「真的不用付任何錢嗎？」

再三保證後，他們才安心地簽署資料，準備父親的喪事。

後來小琪才知道，在來之前，其實小兒子有先回到育幼院，詢問院長的意見。雖然十七歲就離開育幼院，但他和院內的老師還是時常有往來，真的遇到大事時，他們仍是一個可依靠的長輩，對此小琪感到安心不少。

而在處理後事的過程中，他們也很仔細地聆聽該怎麼處理，未曾抱怨過父親半句話。雖說不上傷心感慨、態度或許有點漠然，但卻也能負責任地一步步地把事情都做好。

這麼好的一對兄弟，即便成長過程這麼艱辛，卻沒有走上岔路，只是不懂得該怎麼規畫自己的人生。於是，小琪對這對兄弟多了點關懷跟照顧。

閒聊中，她也才明白，大哥之所以會入獄，也是在之前當車手時誤信友人，而不小心犯了法，但看得出來他們本質仍是善良的。

尤其看著小兒子疼愛女兒、又負起責任照顧妻兒的樣子，這樣有責任感的小孩，她真心希望能夠協助他們回歸正軌。

於是小琪對他們說著：「你們真的可以隨時來找我，我幫你們找份工作吧。現在的工作乍看之下薪水不錯，但隨時都在危險之中。」

可惜的是，這對兄弟，似乎對這目前看起來優渥的薪水不捨得放手。於是小琪只得再三地跟他們說：「有什麼事情，真的可以隨時來找我啊，不要客氣。」

喪禮之後沒多久，小琪就接到了小兒子的電話。在那頭他表示：「領到了父親的傷殘補助金，也想要回饋給醫院跟愛心單位，想捐款。」

小琪驚訝地說：「你們工作那麼不穩定，錢存起來啦，或者趁機換個好一點的工作啊，不要再待在那麼危險的地方。」

小兒子卻笑了笑說：「怎麼可能全捐出來呢，我是想捐一點啦。」

雖然他們至今仍沒有尋求小琪的幫助，但她真心希望能再見到這對兄弟，想要多幫幫他們。

聽完小琪說的話，我們也覺得或許自己可以幫幫這對兄弟，因此想約這對兄弟來協會聊聊，心想自己好歹是長輩，或許能分享些人生經驗。

只可惜，幾次都沒約成，因為夜間工作，時間不容易配合。他們忙到天亮，照顧完家人小孩後，又要準備在台北的夜色裡開啟充滿危機，但又需要打拚的一天。

年輕的劉氏兄弟，未來還有許多可能，真心希望未來有機會協助他們過著更正向穩定的日子。但我們也相信，人若能懷抱著善心，必定會有好報。

一場送行的體悟：

許多人在親人離世之後，都還放不下執念怨懟，活在負面的情緒當中。而劉氏兄弟卻能不對自私的父親過度憤怒，但也不會愚忠愚孝，只是扮演好自己當下的角色，實屬難得。能專注當下，其實就是放下執念。

我們猜想，或許是育幼院的工作人員，在代替父母的過程中扮演了很好角色的關係。願他們憨直的心，可以讓他們做出更好的人生選擇。

第17場送行

遲到的電話

時間：1999～2010年

寂靜的午後，突然間，電話鈴聲大作。

「喂，」我趕緊接起電話。

「您好，我是小瑛。」電話那頭傳來一個陌生女子的聲音。

「是夏奶奶的女兒嗎？」幾乎是不加思索，我立刻這樣回覆她。

不過短短的一句話，小瑛的眼淚就在電話那頭撲簌簌地掉了下來。

這通電話整整遲到了五年。

華人對情感的表達比較含蓄，在我們那一輩的父母，不若現在的年輕人，總是會用責備表達愛意。尤其是在經濟起飛的五十、六十年代，苦過來的父母總是希望孩子多點競爭力，當時也不流行什麼愛的教育，更不像現在有這麼多親子教養書可以參考。

當時的主流觀念裡，嚴父嚴母才能夠教導出優秀的孩子。但這樣的愛，真的能傳遞到孩子心中嗎？從這幾年市場上越來越多教導大家與父母親子和解的書來看，就可以知道，其實兩代之間的隔閡，確實是存在著。

有福氣的人，是彼此找出了共存和解的路；但比較沒有福氣的，就會造成像是夏奶奶和她女兒之間的遺憾了。

夏奶奶是標準上海女人，很像電視劇《一把青》裡面眷村的飛官太太，身材纖細，頭髮總是梳成整整齊齊的髮髻、穿著旗袍、畫了眉毛，也上了點淡妝，若非是在那陳舊不堪、早該作廢的中央信託局宿舍看到她，必定會以為是個家境良好、養尊處優的老奶奶。可現在眼前的她，卻只是個處境令人深感同情，無論是身體還是心理都被病痛折磨的孤苦無依老太太。

雖然丈夫早逝，但夏奶奶其實還有個女兒小瑛，是她與先生在四十多歲時所領養的。雖然並非親生，但向來視如己出，毫不虧待。不過，夏奶奶同時也是位「嚴母」，對她而言，家教舉止是最重要的事。刀子嘴豆腐心的她，明明很疼愛小瑛，嘴上卻總是非常嚴厲。再加上因為先生早逝，於是夏奶奶更是咬牙苦撐，用先生留下來微薄存款節省度日，更期許女兒好好地長大成人，有一個安穩的未來。

然而，夏奶奶不願跟女兒敞開心胸說自己的苦悶與憂煩，只是用嚴厲的教導希望她成材，這樣的心思，想當然耳，並沒有辦法讓小瑛理解。龐大的金錢壓力，以及因為先生過世要被趕出眷屬宿舍，但為了家人，自己得厚著臉皮死不離開的雙重折磨，漸漸地，讓她的精神也出了狀況。

所有對現實生活的不滿無處訴說，一身傲骨的她，始終將苦吞在肚裡，老是板著臉，一副難以接近的刺蝟模樣，讓人也難以對她展露溫情。惡性循環之下，夏奶奶開始有了被害妄想症的症狀。一方面老覺得生活的苦痛是來自於政府迫害，那些要收回房子的人是所謂「情治單位」，而她的生活隨時隨地都被監視著；另一方面則不斷限制與要求女兒，覺得女兒做什麼都不對，但卻又不願意好好溝通、敞開胸懷。再加上跟女兒年齡差距甚大，忽略了女兒邁向青春期之後的一些心思，往往要多花點時間經營理解，種種原因，兩個人的關係要不雪上加霜也難。

當小瑛一進了大學，面對眼前的花花世界，她開始對愛情懷抱嚮往、也開始懂得打扮之後，夏奶奶的應對方式不是理解與關心，反而是加倍嚴厲的謾罵，想要控制女兒、讓她守規矩，唯恐女兒變成那些「傷風敗俗」、「丟人現眼」的女人。

吵架沒好話，為人父母有時講出難聽的話，本意是想要孩子走向他們所認為的正道，希望能激勵孩子向上，這是他們唯一能想到讓孩子更好的方法，但卻不是真正的好方法。但青春期小孩也無法領略上一代在情感表達上的力有未逮，只覺得不受理解，動輒就被責罵。而長期被生活焦慮感重壓著，時時刻刻都像是戴著盔甲的夏奶奶，自然也不會懂得女兒想被關心的心思，兩人的隔閡越來越不可挽回。

某天，當小瑛穿著短裙要出門時，被夏奶奶給叫住了，兩人爭執不下，夏奶奶只拋出一句「不檢點」，再伴隨著一個巴掌往小瑛臉頰狠狠摑去。小瑛傷心憤怒極了，忍不住心想：「一定是因為我不是親生女兒，所以才被這樣對待！」花樣年華、面貌姣好的她，在學校是很受歡迎的，交了男朋友後，更是被殷勤地呵護著。好聽話誰不愛聽？特別是對於這樣一個長久以來都活在吝於讚美家庭下的孩子，於是在小瑛十九歲那年，她毅然決然地離家出走。只是小瑛沒想到這一走，就是天人永隔，直到夏奶奶去世，兩人都未曾再見過任何一面。

小瑛走後，夏奶奶就獨自一人在等待回收的報廢宿舍裡生活，成了釘子戶。即使周遭的鄰居早已經紛紛遷離、住所環境也逐漸荒廢，她仍是不肯搬走。只是破敗的，不只是房舍，還有她的健康。

夏奶奶極為固執，在社工探望她的數年間，只要一提到女兒，總是滿口罵、滿口嫌。不是「不就打個巴掌，有什麼好走的？」「我有錯嗎？錯在哪？」「這種不孝女不要也罷！」不然就是講著政府是如何迫害她的生活，繼續編織著那些被錯待、被惡整的情節。

夏奶奶原本是有教養人家的女子，因此堅持要把自己的樣貌儀態維持得很好，但她那窘迫的住所家徒四壁，充滿蜘蛛網、壁癌、塵蟎，社工問她為什麼不離開，她老說著：「我為什麼要離開？這不是稱了這些王八蛋的意嗎？」

她嘴裡不說，但經驗老道的社工懂，夏奶奶其實是在這破舊的屋子裡等著女兒回來。

於是社工瞞著夏奶奶四處聯繫，透過戶政機關和警政協尋，在民國九十年的時候，看到一次國航搭機的紀錄，找到了小瑛的聯繫方式，社工趕忙撥了電話過去。

一次、兩次、三次都沒人接，社工心裡有底，就往常經驗來看，這女孩，日子應該也不好過。

終於在一段日子後，社工接到了小瑛來電。不出所料，她，過得並不好。大二就為愛休學的小瑛，感情並沒有如她想像得順遂，情債與錢債往往密不可分，從小缺乏愛的小孩，在太渴望被愛的情況下，更容易傻乎乎地做出傷害自己的行為，以為這樣便能得到愛。

那天，小瑛一直哭著跟社工說，她對不起媽媽、對不起爸爸，其實她好幾次都走到了家門口，看到媽媽漸漸蒼老的背影，她很想過去抱抱媽媽，但卻沒有勇氣。她說她很抱歉沒有辦法面對夏奶奶，只是不斷謝謝社工的幫忙，但要她回去，卻是說什麼也不肯，下一次再試著聯繫她時，已經杳無訊息。

這一別，小瑛又消失了好幾年。

由於小瑛多次不告而別，社工們到後來也心裡有數了，除非她主動出現，否則是誰也找不到她的。另外一方面，社工也心想，若真有什麼事，反正就留言，她總是會回電吧。雖然是被動且微小的心願，卻也只能單方面靠小瑛回應才有解。

就這樣，明明思念彼此卻無法見面的兩個人，距離越拉越遠。

九十四年間，夏奶奶因為年老體衰，被送進了醫院的加護病房。直到在病榻上彌留之前，才終於脫口而出：「好想女兒，好想說聲對不起。」

社工想再去聯繫小瑛，卻發現她手機已經停話，於是社工找上了協會，來找我們出主意。想了想，我們告訴她，既然這樣，就借助媒體的力量吧。

其實在民國八十九年時，就有位聯合報記者跟我們一起拜訪過夏奶奶，當時寫了一篇短文側寫，在社會上掀起了一陣漣漪。大眾經由這樣的報導，也更關注起獨居老人的安危與協助。有了這經驗，我想，應該可以讓夏奶奶的故事廣發出去，給許多讀者知道。

各大報媒體都很支持，鋪天蓋地地報導了夏奶奶渴望尋女的消息。當時我們都心懷樂觀，心裡想說，若小瑛也是惦念著媽媽的，一定會趕緊過來盡釋前嫌吧。可當報紙出刊的那天，接到的第一通電話，卻是小瑛的債權人對小瑛提告的消息。

原來小瑛在外面欠了一屁股債，報紙刊登夏奶奶尋女的消息那天，正是她跟債權人要去法院打官司的日子。只是小瑛沒有出現在法院，也沒有致電給我們。

到了最後一刻，夏奶奶終於卸下盔甲，喃喃說著：「好想見女兒一面……」「我四十幾年來不肯搬走，是因為怕小瑛找不到我啊……」然而，她的心意，已來不及傳達給女兒。直到闔眼的那刻，都還是沒有見到小瑛的身影。

她就這樣帶著遺憾走了。

在那個網路尋人尚未如今日這般盛行的年代，沒有臉書可以打聽消息，只要一個拉不下臉，是有可能終生不相見的。

只是，死亡真的就代表永不相見嗎？

這些年來，我們越來越覺得，或許未必。生命是有期限的，但想念卻有可能持續永遠。

在夏奶奶過世的四年後，民國九十九年的某天，那日正巧我們在辦公室，接到了小瑛的來電。

我這個人平日記性很不好，常常找不到路、有開會什麼大小事都要用記事本記牢，但奇怪的是，每個案件的名字跟相關人，卻永遠不會忘。

而才開口第一句話，小瑛就啜泣了起來，不知道是自責、後悔，還是遺憾。但其實當下什麼都不用說，傾聽就好了，聽著她的哭聲，知道她回來就好了。

話末小瑛客氣地問我，夏奶奶的塔位放在北海福座，她是否需要支付什麼費用？我跟她說：「沒有關係，已經申請到免費塔位，重點是好好去看媽媽吧。」

說到這，小瑛又哭了。

電話的那頭她雖然在哭，但我的心底卻是高興的。

小瑛這些年來從來沒忘記媽媽，只是她一直覺得自己不夠好，沒有顏面見她，也沒有餘力見她。

這些年來，我們協助過很多個案，我們理解小瑛在喪禮那天沒出現，一方面是怕債權人追債，另一方面則是心底難過當年媽媽的擔憂是對的。

可如今她的電話也證明，小瑛現在過得比之前好很多了，她有餘力見媽媽了。她有餘力在媽媽的牌位前，說出她的對不起，也說聲謝謝。

雖然晚了幾年，但我們想，夏奶奶的願望，也總算是實現了。

一場送行的體悟：

正所謂「親近生慢侮」。夏奶奶和小瑛，雖然不是親生母女，但也在在展現了家人之間常遇到的狀況。其實，當夏奶奶目睹小瑛感情不順、生活困頓時，難道真不會原諒她嗎？相信她其實是會心疼的。雖然嘴巴也許會叨念，但肯定很高興見到心愛的女兒。

而小瑛真的不想媽媽嗎？既然她把電話一直牢牢記著這麼多年，肯定也不是沒有思念。即便是再親近的家人，也要懂得好好溝通，沒有什麼愛是理所當然的。但有時換個方向思考，面對板著臉說難聽話的家人，也要學會體諒，去看到那底下的愛。若親人不懂得放下身段，便換我們自身去貼近對方，兩代的鴻溝，無論是上還是下，都該彼此努力，才不會造成遺憾。

第三章

10場送行：好好說再見

第18場送行

沒有大體的喪禮

時間：2011年～2013年

有時候，喪禮只是個儀式，目的除了是讓往生的人好走，更是為了讓遺留在這世上的親友，在面對未來時，能有活下去的勇氣。對我們來說，替張太太舉辦那一場「沒有大體的喪禮」，就是如此。

能夠幫助張太太也是一種機緣，說起來，她真是一個歹命人。認識的時候，她已經痛失了全部的孩子——膝下四子全都離世，只剩一個年僅十歲的外孫在身邊。第一起事故是從長子開始，在民國八十一年，因家中經濟不好，長子希望把念書的機會讓給弟弟，長子遂選擇在華中橋投河自盡。從此，悲劇輪迴就開始上演；兩個星期後，未成年的二兒子因兄弟情深，受不了思念哥哥之苦，加上自責與壓力，竟也跑去跳華中橋。五年後，在民國八十六年時，年僅十六歲的小女兒因騎車時不慎車禍，擔心遭到索賠，便向家人表示要外出借錢，一出門便失了音訊。失蹤初期，小女兒的遺體遲遲未尋獲，張太太本來還抱著一線希望，但之後卻被證實小女兒也在華中橋一躍而下，結束了生命。最後則是九十七年時，本已嫁作人婦、排行老三的大女兒離了婚，帶著小孩回娘家住，有一天卻因家中付不出房租，說要出去借錢周轉，不料又是去華中橋投河自盡。

這樣接連的不幸，已無法說是巧合，簡直是悲劇式的自我預言了！一個家庭的四個孩子，接連四跳，都選擇在同一個地點結束生命，對於尚在人間的母親而言，實在太痛，張太太肝腸寸斷，也不想活命了。

原本獨立拉拔孩子長大的她，在接連失去孩子後，萬念俱灰，顧不得外孫年幼無人照顧，也興起了去華中橋尋死的念頭。但就在她意圖從橋上跳下時，剛好被路人發現，終於被救回一命。只是白髮人送黑髮人之痛，實在太過難以承受，到了急診室，張太太仍死意甚堅，她近乎發瘋般地扯掉了身上的點滴，流了滿地的血，直到醫生強制注射鎮定劑後，情緒才稍稍恢復平穩。最後，她被強制送去八里療養院療養，在醫生、社工的輔導及幫助下，開始治療她的身心創傷症候群。

或許是因為牽掛孩子的心理壓力所致，也或許是冥冥之中的指引，不知從何時開始，張太太頻頻夢到了四個孩子跟她說「好冷」、「沒衣服穿」、「好想回家」。每每夢醒，她就陷入巨大的揪心之痛，既悲傷又不知所措。數次求神問卜之後，她更深深地相信，始終沒找到遺體的小女兒，是再也回不來了！而除此之外，她心中還有另一個莫大的遺憾，就是因為家境艱難，她始終無法給孩子一個簡單隆重的葬禮，直到那時，三個死去的孩子都仍共用一個牌位。

就在每週定期拿藥看診的過程中，有一日，張太太與精神科醫生講起了她晚上的夢境，以及渴望幫助兒女的心情，淚水再度潰堤。就是在這樣的因緣際會之下，透過醫生、社工轉介，張太太與我們聯繫上了。聽了她的悲慘故事後，我們當下立刻決定幫她完成心願，並提供四個孩子一場免費的殮葬服務，亦即一場沒有大體的喪禮，以安慰這位苦命的母親。

沒有大體的喪禮!?

很多人乍聽之下，都大呼簡直是匪夷所思。先不論她大兒子、二兒子已逝世近二十年，而大女兒也往生了三年多，幾乎沒有人在往生這麼多年後才辦喪禮；更何況小女兒也失蹤了十四年，都不知去向，要怎麼辦這場喪禮呢？當時做這個決定時，許多人充滿疑惑。只是，我們心裡清楚，這場儀式，是為了給活著的親友一股安定的力量。

告別式舉辦當天，我們準備好四位子女的衣物。由於照習俗來說，白髮人無法送黑髮人，便由外孫代為參與祭拜。我們幫四位孩子安排好各自的塔位，除了不再讓原先三位擠在共用靈位牌之外，也替失蹤小女兒飄零的魂魄找到了安歇之所。儀式順利地完成了，貧母終於得償所願。

不過對我們來說，行至此處，事情尚未有圓滿結局。即便已舉辦了「沒有大體的告別式」，但我們始終都沒有放棄尋找小女兒的遺體，因為對張太太來說，「生要見人，死要見屍」，我們也仍想要撫慰她渴望見到小女兒最後一面的思念之情。

早在最開始計畫辦喪禮時，我們的初衷其實是希望那時就能找到小女兒的遺體，辦一場名符其實的葬禮，只是過程一波三折。還記得當時，經由已經替一百七十九具無名屍尋獲家屬的尋人專家吳武龍警官幫忙，新北市海山分局蔡淑女巡佐協助行文地檢署開棺驗DNA終獲同意，而台北市萬華分局吳新竹警官居中聯繫昔日轄區的分局派出所承辦人員，眾人積極地追尋調查，並沿著華中橋水流處，研判出遺體可能已經漂流至新店溪下游，再推敲出可能漂移至中原抽水站，整起事件總算彷彿有了契機。

只是這一線曙光，也很快就破滅。當年剛好接連遭遇了兩次風災，派出所也跟著遭殃，還來不及細看資料，就已統統泡水，字跡難以辨認，唯一留下的線索是「3417」這個數字。這是無名屍墓碑上的編號，而就先前所知，該編號無名屍的資料紀錄特徵都與小女兒相符合。

安葬無名屍的墓碑刻為不詳男、不詳女，然後再刻上編號，一同葬在公墓中。當時研判，小女兒遺體是被葬在中和第五公墓。只是墓園何其大，且由於沒有人祭拜或掃墓，放眼望去盡是荒煙蔓草，該怎麼找？不過我們還是自我安慰，有了編號，至少是個方向，應該容易多了。

只是沒想到這一找，就是兩年時間。不是因為墓園真有這麼大，而是標示著編號3417的墓碑根本不存在。墓碑上的編號根本沒有編到3417這麼後面。會不會被盜了？但墓裡並沒有什麼值錢的東西，所以這個想法立即就被推翻了。那還有什麼可能性呢？前思後想，才發現最有可能的情況是誤刻了，正確編號應該為2417才對。

檢察官開棺驗屍那天，我們與張太太，以及擁有豐富引魂誦經經驗的師父與助念團志工皆站在墓旁等待，天空萬里無雲，唯有志工誦經聲此起彼落。已經時隔了十六年，棺木腐壞嚴重，但開棺一看，我們卻發現小女兒遺體維持得很完整，仍像是一名少女，一直深深地沉睡著，似乎等待著大家找到她。這讓當時已經看過不少屍體的我們，驚訝不已。而一旁的張太太則是一眼就認出了自己的女兒，不禁又是失聲痛哭。接下來，經擲筊請示過後，我們終於鬆了一口氣：小女兒同意回家了！

對張太太而言，最重要的一件事，就是能讓小女兒好好安息，早日投胎到好人家，而她與外孫也能夠從此不再掛心，安穩生活。她唯一還放在心上的，是大家給予她的幫助，不知該用甚麼方法償還，但是對我們來說，只要她們活得好好的，自給自足，若行有餘力，還能助人，就算是對我們最大的回報。

張女士的外孫現在已就讀大學四年級，當年手上有著刺青，寡言而一臉酷樣的他，是個上進、孝順乖巧的孩子。而作為個案，他們也被我們轉介到其他相關單位，繼續給予協助。祖孫倆一同放下過去沉重傷心的包袱，朝著未來道路邁進。一場沒有大體的喪禮，所帶來的效益，是完全出乎意料之外！

雖然張太太兒女看似都是為了經濟壓力而尋死，但若用現今的社會協助機制，也會很快發現，這家人除了金錢上的困頓，同時也有身心障礙的隱憂。

現在已經有許多社區聯防機制在運作，以防任何憾事發生，而除此之外，其實我們在一般生活裡，也可以多多注意周遭的人事物，一點小小關注援手，隨時都可以減少悲劇。不過遺憾的是，在當年，許多救援系統都還未完善，以致一連四跳，皆不能阻止。這是一個寶貴的經驗與教訓。

解決問題，不是只有給予金錢去緩解燃眉之急，而是如何從「心」解起，心安，才有平安。

一場送行的體悟：

　　現在大家對於憂鬱症及創傷症候群等心理疾病都不再陌生，也漸漸不再視為是一種難以啟齒的奇怪疾病。若以現有的社福系統介入，那麼，在張太太大兒子碰到困難跳河自殺時，這樣的悲劇，在各單位緊密配合協助下，「在可能發生悲劇的前端源頭立刻關閉電源」，是否也就能切斷後續衍生的憾事效應？

第19場送行

小雲與秀青

時間：2001年

替往生者送行了這麼多年，我們對於生死，也看得比許多人都淡，可是對於人跟人之間的緣分，卻有著不一樣的體悟。在我們參與過的故事裡，有些只有短短幾天的緣分，但有些則是長達了十年、甚至是近二十年的，例如，小雲與秀青。

這兩位年紀同為十六歲，但卻過著截然不同人生的少女，本來只是生活在同一塊土地上的兩條平行線。可是命運卻讓她們兩個在某處轉彎交錯了！在二〇〇一年的夏天，一場意外，讓她們從此在同一條路上並肩同行。

小雲是個家境貧寒，活潑健康又孝順的女生；而秀青幾乎就像是她的鏡射，生長在富裕的家庭，但一出生就罹患了腦性麻痺。不過秀青非常有繪畫天分，是個備受矚目的繪畫新秀。

二〇〇一年七月初某天深夜，台北一如往常潮濕悶熱，當時剛結束一整天咖啡廳打工的小雲，為了節省電費，照慣例到家中五樓女兒牆上乘涼休息，不料竟一時失足，從五樓墜落，送至醫院已宣布昏迷指數為四分，呈現腦死狀態。而就在早些時候，秀青也因為急性肝衰竭，送進了加護病房，並在六月底發出了病危通知，命在旦夕。而為了救女兒，秀青的父母親甚至出現在平面媒體及電視新聞中祈求能獲得一枚肝臟救救女兒，只求有奇蹟出現。說來或許悲傷，這兩個原本毫無交集的少女，因此就在醫院裡交會了。

「小雲已呈現腦死，死亡是無法避免之路，是否考慮遺愛人間，捐贈器官給需要幫助的人？」小雲的主治醫生這樣問她的家人。

「不行！死也要留全屍。」未料，第一個反對的就是曾祖母。

眼看器官捐贈這件事會無疾而終，但就在此時，由於小雲一家清寒，恐無力處理喪事，於是在醫院社工安排下，我們協會加入了協助小雲一家人的行列。就在準備辦理小雲喪事的過程中，聽聞了小雲主治醫生曾有器官捐贈的建議，於是我們便勸道：

「習俗是隨著世代改變的，就像以往俗語說『死狗放水流，死貓掛樹頭』，但現在也不會有人這樣對待往生的貓跟狗。只要心有善念，小雲一定會往好的地方去，更何況，捐贈器官是幫助需要的人，那是一種愛的延續，不應該被習俗所綁住。」

或許是因為深深感受到了這麼多人在葬禮上的幫助，也想盡點棉薄之力，回饋社會，小雲的曾祖母終於軟化下來，聽取了協會給她的建議，改變心意，同意器捐心臟與肝臟。家屬表達希望將小雲的肝臟捐給那幾天在報紙上沸沸揚揚的腦性麻痺少女畫家秀青，最後也順利達成了家屬的期望。

只是為何小雲的父母會想要捐給秀青？我們在猜，或許是因為她們同為十六歲的關係。小雲捐贈肝臟給秀青，就像是給了她力量，希望她能夠有更好的生活；也或者是他們希望秀青能代替小雲，可以享受每位十六歲少女該有的生活。

不過，秀青一家從來都不知道小雲的本名，也對捐贈家庭一無所知，只曉得是來自一位同為十六歲的少女。他們多年來也一直希望可以去見見小雲的家人，或者去小雲的靈位前致謝，但我們一直都只是告訴他們：「收到謝意就好。」其實不用多做些什麼。

因為，為了兩家人著想，交錯的兩條線在交會之後，還是該繼續往自身的軌道前進才好，不要讓純粹的善意有任何變質的可能，甚至橫生枝節。畢竟，每個家庭都有自己要面對的課題跟道路。若兩家人靠得過分緊密，沒有人能夠想像，這原本素不相識的兩家人最後會起了什麼波瀾，又或者是原先單純的善意，被有心人士知道後，會做出怎樣的臆測和抹黑。小雲捐贈肝臟的舉動，是無私且全然無條件的。

一眨眼，十七年過去了。

秀青這幾年，一直有舉辦畫展，她多次感謝這些年來幫助她的醫生、護士，當然也非常感謝匿名的小雲，讓她的生命獲得延續。因為小雲，她才能夠看著更廣更遠的世界，也更投入慈善工作，希望能幫助更多的人。

而小雲的家人，現在也過著比較安穩的生活，父親在市場賣進口水果，母親在家照顧思覺失調的媽媽，一雙兒女分別在旅行社跟物流公司上班，像是小雲在天上庇佑著他們。

曾經交錯的兩家人，而今，各自過著幸福的日子。雖然這樣的幸福安穩，和我們一般所希望的不太相同，但很多時候事情，往不同角度來看，我們都有能將痛苦轉變為喜樂的機會，即便是一點點也好，都有可能讓當下的悲痛，往好的方向發展。

一場送行的體悟：

意外發生時，悲傷是無法避免的。但在這悲痛的狀況下，在困苦的氛圍中，如何創造出更多愛與希望、更多美好的未來，是我們唯一能做的。

年輕生命的早逝令人不捨，但她的大愛卻延續了兩個人的生命，成為最美的天使。

第20場送行

說「再見」的練習

時間：2017年

在這樣的年代，有時即使是單純的一個善念，也不容易。

因為從事愛心殯葬的關係，這些年來，也認識了不少社工人員。他們總是在案主需要幫助的第一時間聯繫、通知我們。也因此，我們常聽他們分享協助弱勢家庭中的許多故事。

不諱言，這些故事有好有壞，每個人也都會有自己的立場，也並不是每個弱勢家庭都可以敞開心胸接受幫助。我們時常會遇到懷疑我們是另有目的才來協助家庭；也有倔強愛面子逞強的；當然，予取予求的也有；甚至也有些人是別有居心，達不到目的之後，就會用憤怒來面對這一切。

不過，我們也曾遇過正向陽光到使人不捨，讓社工深深感動，只想要把他們的精神分享給每個人的例子，就是希望大家都能被這樣的正能量感染，讓更多人得到希望與方向。其中，阿華一家人就是讓社工小琪難以忘懷的案例。

「其實，我是很晚才發現阿華需要幫助的。」小琪微笑著告訴我們。

因為阿華一家人在醫院總是很有禮貌，客客氣氣地，也總是梳理打扮得很整潔，兩個小孩又都會跟大家打招呼，每天下課都會來陪爸爸，媽媽也總是在一旁照顧。看起來，就是毫無異狀的一個溫暖家庭。

當時，小琪以為他們是生活不虞匱乏的一家人，才能放下手邊工作，陪伴先生以及父親一起面對疾病的侵襲。直到醫生建議罹患了胸腔結締組織惡性腫瘤第四期的阿華，接受健保未給付的藥物治療時，阿華的妻子才坦言，其實他們並沒有多餘的金錢支付。

原來，這看似小康一家人其實是低收入戶，先生是打零工的木工，太太原先在賣場工作，一個月還有三萬多的薪水可以支撐家計，但也在先生確認發病後的四個月，因公司組織變動而被裁員了。這一聽，醫院才發現不得了，趕緊請社工人員來協助。

小琪回憶起當時，她說：「正因為阿華太有禮貌、太愛面子了！所以在一開始，他幾乎是陷入一種排他的情緒裡，對於社工的協助，也一直冷漠以對。雖然不至於毫不理會，但就是可以感受到一種疏離感與防衛心。」

男人們遇到低潮時，往往都是用這樣的態度來面對，因為不知道怎麼訴說，也很容易覺得自己無能，尤其是像阿華這種具有責任感的典型傳統男人。小琪接觸過許多弱勢家庭，很能理解這樣的心境。

再更進一步了解後，她發現，阿華其實真是生不逢時。以他木工的專業技能，在這個年輕人口中「職人文化」當道的年代，應該會有很好的發展才對。可他開始工作的時候，木工在台灣只能算是技術人員，都是在工地接案子，有一頓沒一頓。

早幾年台灣建築跟裝潢業景氣好的時候，夫妻雙薪生活，尚且不虞匱乏。但隨著不景氣的浪潮襲來，阿華在家待業的時間越來越多。

屋漏偏逢連夜雨，這時，母親與阿華陸續確認罹患了癌症。

母親的罹癌，為這個家庭揭開了不幸的序幕。

因為與母親感情深厚，因此阿華一家人與她同住，可以就近照顧。也因為居住的房子是在母親名下，無需額外負擔租金，所以生活壓力也少了點重擔，日子過得簡單幸福。

只是隨著母親急病過世，原本安居的小窩成了被覬覦的羔羊。那些平時甚少照料母親起居的兄弟姊妹，有幾位開始吵著要討回房產轉賣。其實母親過世前，已經計畫要將房子轉到阿華的名下，只是他們哪裡願意答應，堅持要嘛就是阿華把房子買下來，要嘛就是得付錢承租才行。

這些突如其來的打擊，無疑又是雪上加霜，讓阿華的病情急遽惡化了。

小琪搖了搖頭說：「說真的，我到現在也還無法理解，為何阿華姐妹堅持不相信他沒有錢。」

在病榻旁看過許多生離死別，但也看得到許多令人不勝唏噓的冷血對待。

就在阿華自我封閉了一個多月後，終於願意打開心房尋求幫助之時，小琪找了社福單位、教育部、區公所等單位幫他們一家申請了低收入戶補助、獎學金跟急難救助。碰面時，小琪忍不住又說了一句：「都已經窘迫到這地步，但身為他的家人卻沒有同理心。」

後來她細想，或許是因為他們一家不懂訴苦吧。

現代人往往是這樣的，不會哭哭啼啼說苦，不表現悲傷困難的人，就時常被認為是無血無淚，或是根本生活無慮。

但很多人往往是家教的關係，故而表現含蓄；或者因為禮數，不想增添別人的麻煩。然而這樣的展現，在有些人的心中，特別是親屬，正是代表著沒事。阿華的姊妹可能就是抱持著這樣的心情。

家人的紛爭、失業的困擾，紛至沓來，即使阿華在親人面前仍是維持一貫的禮貌周到，但身體被癌症入侵、急速敗壞，漸漸衰退到失去自理能力，已是不爭的事實。小琪知道，該是幫助家人與他道別的時候了！

當病人生命在倒數計時，不僅要讓他沒有遺憾地離世，也要讓活著的家人有著滿滿的好回憶，日後不會悔恨。

說「再見」的練習，這是她在醫院當社工以來，不斷在學習的一項功課。

若要好好地說再見，最重要的，就是把每一天當最後一天，親口跟所愛的人說愛他，把想說的話都說出口。這是小琪當社工這麼久以來的心得。

雖然聽起來很容易，但要習慣了含蓄表達的華人親身做到這件事，還是很難，尤其對於阿華那兩個正值青春期的兒女來說更難。阿華的妻子並不吝於說愛，兒子則是掙扎了一下之後便鼓起勇氣說出來，可女兒，卻是彆扭很久，怎樣都不知如何開口。

小琪知道，其實女兒是難過又害怕。

她難過於爸爸漸漸不是自己認識的樣子，以前總是像個英雄、像個偶像，值得依靠的帥氣爸爸，如今身軀逐漸變得乾癟瘦小，不是要帶著尿袋，就是穿著尿布，最後身上還插滿管子，那不是她以前心中的阿爸。她其實是對這樣的父親感到陌生與傷心。

可是阿華自己也很沮喪。才四十六歲的他，多麼不想讓小學六年級的女兒看到自己這副虛弱模樣！自己像是違背了誓言，丟下了他們似的，但他又何曾希望如此？

不過他還是知道要堅持到最後，希望能換取一點時間，讓孩子有多一點快樂的回憶，因此他撐著孱弱身軀，盡量讓自己表現得快樂，不要將悲傷感染給家人。

小琪說：「看著感情深厚的這一家人，我也偷偷哭泣了好幾次！」

為了要讓小女兒勇敢說出愛，於是小琪開始帶著小女兒幫無法自理的爸爸按摩，也建議小女兒可以邀請同學一起寫卡片幫爸爸加油打氣。

終於，她漸漸打開心防，當她一字一句地在病床旁對著爸爸說出同學們的祝福時，小女兒說，她第一次感覺到那麼靠近爸爸。

到了癌症末期，阿華身體上的苦痛，連止痛劑也不見得能緩解了，常常睡不好，於是有天小琪給了他兩個拋棄式的熱敷眼罩，希望他能戴著好好休息，但他卻偷偷留給家人，因為覺得太太跟小孩為了他，也很辛苦。

到了那個時候，阿華對於面對死亡已經相當冷靜，也做好了準備，少了最初的焦慮以及負面情緒，專注地珍惜著每天對家人表達愛的機會。

只是，即將離去的人準備好了，留下的家人呢？可能之後還是會感到措手不及吧？對於這麼充滿了愛，時時替對方著想的一家人，小琪更覺得，應該要再多做點什麼才行。

她想要替這一家人拍一段影片，讓他們珍藏留念。

在面對告別的輔導過程裡，阿華一家人的接受度跟表現都很好，但當小琪提到最後一個階段要幫阿華一家人拍影片留念時，他們卻有點怯步。

只見阿華的家人抗拒地說：「拍影片要做什麼？」動態影像的珍貴與重要性，小琪不知道要怎麼對他們說明才好，雖然手機裡已有很多家人彼此的照片，但影像才是更貼近的。

時間快到的時候，小琪也提議他們幫阿華舉辦一個小小的派對，每個人可以對阿華想說自己想說的話，也讓阿華說說對家人的感謝。

終於，小女兒在這天，對爸爸說出了「我愛你」。

也就是在這天，小琪還是替他們一家人拍了影片。她對阿華家人說：「沒關係，我們先拍，但我就擱著，若哪天你們想要了，隨時來跟我拿。先拍好了，才不會有哪天後悔沒拍的可能。」

而就在錄完影像沒多久，意識清醒的阿華，沒隔幾日就往生了。

在離去之前，小琪早就聯繫好我們要協助準備辦理後事，在喪禮當天，一家人不停地對我們致謝，如同小琪所說，是體面又有禮貌的一家人。

就在喪禮結束後的某天，阿華太太又來了一趟醫院，說想要看看當時拍攝的影片。她微微笑著說，當時有拍影片真是太好了。

不過，上天給阿華一家人的考驗還沒結束。阿華的太太如今找了份穩定的工作，但仍舊與阿華兄弟姊妹在打著婆婆遺產的官司。

每次沮喪難過時，只要看見影片裡，阿華那面對病痛時卻仍然燦爛的笑臉，她就知道自己要更努力。我們也相信，他們家人平順安樂的一天，終有一天會來到。

一場送行的體悟：

如何平靜樂觀的面對死亡，對許多人來說都是很困難的事，即便像我們這樣時常見到許多生死離別的人，都不見得有阿華的勇氣。也或許是，人生總是在經歷轉折後，才能贏得一個全新的自己。

面對無法改變的事情，我們能選擇的，是心態的轉變。就如同阿華一樣，用正能量迎接夕陽的心情，對周遭始終充滿感念的善意，這是阿華一家人給我們最好的禮物。而道謝、道歉、道愛、道別，這四件事，更是一門生命功課，值得學習。

第21場送行

故友的喪禮

時間：2009年

自從我們辦理免費殯葬以來，在不同個案中認識了不少朋友，有些後來成為志工，有些則是定期會來協會喝喝茶、聊聊天，看到大家日子過得越來越好、更有希望，其實我們內心感到無比的開心。只是，從來都沒有過，也從來沒想過，會有那麼一天，是「朋友變個案」，每每想到此處，心中都有說不出的苦澀。

阿龍是位退休的刑事警察，會認識他，是因為我們都是喜愛四處尋找台灣美味小吃的人，某次在一間土雞城老闆的引介下認識了彼此，而同為貪嘴之人的我們，有陣子更是時常會在土雞城遇到，便一同吃吃喝喝！阿龍為人海派、爽快，甚至花錢有點大手大腳，時常菸酒不離身，有點像電影《雷洛傳》那時的老派探長風格。

不過老天待他不薄，義氣的阿龍有點「天分」，從小就有特殊體質，可以讓人問事、起乩，就像前陣子很紅的電視劇《通靈少女》裡頭那宮廟少女。

在退休前，他就已經隨機幫人問事解難，研習道教法術，還專門替卡到陰的人排解陰陽兩界糾紛！有時也在想，他以往的破案效率這麼高，究竟是他的「老派手法」？還是因為可以「洞悉天機」，有天助呢？

或許因為靈驗出了名，日後來問事的人越來越多，漸漸開始有一群信徒跟前跟後，於是在退休五年後，阿龍自己也成立了一座宮廟。

隱居在公寓二樓的小小宮廟，供奉無極老祖，日夜香火鼎盛，不曾停歇！到後來，我們身邊也有幾位朋友，偶爾有事參不透時，會去找阿龍求助。

他宮廟人氣正旺的幾年，協會因為事務忙，我們時常忙碌到連好好吃頓飯的時間都沒有；而他的信眾多，總被一群人圍繞著四處吃吃喝喝，「感恩師父」喊不停，因此往日在土雞城把酒言歡的場景，早已不復見。

偶爾見到共通朋友，問起他的消息，不是說他在外面賭六合彩，就是特別有女人緣，搞得老婆生氣，不然就是又欠了一屁股賭債，於是就去幫人「辦事」或招來什麼大信徒，還了一大筆錢後，又繼續揮金如土。

因為長期接觸案例的經驗，看過不少悲劇，讓我們不由得有點擔心阿龍。可他這樣一個外表超有派頭、有才華有手腕，又有神明保護的人，比起我們這樣的市井小民，應該更有福分才是，我們深深希望自己只是白操心而已！只是，經驗也告訴我們，無論是何種信仰，「人在做，天在看」，若不好好惜福，「福氣就會離你遠去」，總有一天一定會付出代價。

在隔了一年半載後，聽了時常一同處理個案，同時也在公部門服務的阿凱說，阿龍後來發現自己的特殊能力開始有點「失靈」，無法很精確地解決信眾問題，可能是修行走偏了，決定戒賭戒酒，好好閉關一陣，讓生活回歸正軌。

本以為事情會就此好轉，畢竟阿龍那時也已經六十歲，確實也該收收心，好好修行！怎知沒多久，他又故態復萌，這次出關，他心性大變，開始疑心病很重，常懷疑在他身邊的人都是為了要騙他錢。就在此時，妻子也罹患了乳癌，但他卻沒有好好陪在妻子身邊，只是拿了一筆錢，請了看護照顧她，自己則是繼續在外面吃香喝辣、夜夜笙歌。

從此他的運勢也每況愈下，終至一發不可收拾了。

二〇〇五年，阿龍的妻子因乳癌過世，過世後，他才發現妻子對他的重要性，內心沮喪、一蹶不振，而他狐疑的性格也讓身邊的朋友全都走光。同時，他身為修行之人卻常喝酒失控、捻花惹草的消息，也早已在眾信徒之間傳遍，於是再也沒有人要來問事。宮廟隨著妻子的過世，也失去光芒，像是被眾神遺棄了。

阿龍妻子過世時，我們跟阿凱有去喪禮悼念，空蕩蕩的禮堂沒幾個人。比起以往總被人們簇擁、包圍著的景象，猶如天壤之別。

喪禮後幾日，阿龍約了我們去土雞城吃飯，那晚，我們幾個人像是回到從前，說說笑笑，好不快樂。但我們心裡都知道，很多事情都變了，阿龍的瀟灑已不再，阿凱也不會像以前那樣半開玩笑地向阿龍探查天機，面對痛苦，我們避而不談。

「你們做這個『免費殯葬』是真的無條件地幫助清寒人家辦喪禮？」席間，阿龍突然丟出了這句話。

「當然是啊。」

「這樣啊，那如果有天我走了，搞不好會是你們幫我處理喪事。兄弟啊，到時候可記得一定要幫我啊。」

乍聽此言，我們跟阿凱不知怎麼接口，只是詫異地看著他。

「我罹患了鼻咽癌。」他喝了口酒，苦笑著說。

哀傷妻子離世、人前失勢的他，日日借酒澆愁，看來，惡運並沒有放過他。

席間頓時一陣沉默，我們都不知道該說些什麼。上次相聚，阿龍才在那邊吆喝膨風，笑著說自己又在哪裡買了房子，哪裡的大老闆又來找他問事，一個月賺的錢比以前在警局多了不知多少，但如今卻講出這種心灰意冷的話。

可我們還是把它當成一句玩笑話，那個意氣風發的阿龍，怎麼可能要我們幫他辦喪事，一定是因為太太過世自己又生病，接連打擊，才講出這種話。我們跟阿凱鼓勵著他打起精神來、好好養病，不要再喝酒，別亂開自己生死的玩笑，他聽了也笑著說是鬧我們的，像他這樣的人，死後也要風光大葬。

轉眼兩年過去，我們各忙各的，平時也少有聯絡。直到某日，阿凱跟我說：「阿龍的大女兒前些日子罹患直腸癌走了，他現在也因為癌細胞擴散雙眼失明，更慘的是，小女兒也罹患了憂鬱症，他們本來住在市中心的，現在只能賣了房子，搬到汐止。」不過尚值得慶幸的是，汐止那棟房子是他先前購買的，而小女兒曾在醫院當過護理師，可以照料他，雖然阿龍因為喪失視力而心情抑鬱，但生活瑣事至少有人幫忙安排，無須事事自理，也是不幸中的大幸。

只是原先豐厚的積蓄已少了大半。不善理財的阿龍，這些年來根本沒有什麼收入，加上之前也沒有買保險的習慣，接連著妻子、自己跟大女兒先後都罹患癌症，財富早已所剩無幾。

搬到汐止的一家兩口，像是毛被拔光的金絲雀，又赤裸、又無助，更顯不堪。

二〇〇八年，阿龍罹癌一年後，小女兒也因身心問題，辭去了工作。只是這次辭職與以往都不同，原有護理師執照的小女兒通常休息一陣之後會再出去找工作，但這次，她卻怎麼也不肯出門，甚至脫口發誓再也不要當護理師！沒人知道，小女兒究竟發生了什麼事。

阿凱私下有詢問過小女兒，她只是一味地說：「想要在家裡多陪陪父親。」但依阿凱的經驗來判斷，覺得她連番失去親人，小女兒應該也是有些精神狀況不佳，畢竟長期照護家人，又要肩負壓力龐大的工作，以往總是被捧在手心上的她，要獨自面對這一切，實在太難了。

只是，我們怎樣也沒想到，老說自己深受老天厚愛、總是有辦法東山再起的阿龍，最後會走上尋死這條路。

阿龍知道自己好運用盡。

二〇〇九年的二月四號那天早上，阿凱撥了電話過來。他說覺得怪怪的。

阿龍自從失明之後，因為愛面子，甚少主動跟他聯繫，卻在前日打電話給他，找他去家裡聊聊。

到了阿龍位於汐止的家中，只見屋子裡亂糟糟，因潮濕而霉味四溢，一點生氣都沒有。角落丟著吃完沒洗的泡麵碗，而小女兒則坐在客廳，兩眼發直地看著電視發呆。

阿龍先是把女兒使喚出去買東西，等女兒一出大門，轉頭就對阿凱說：「我真的不想活了。」

阿凱聽了嚇一跳，趕緊安撫著阿龍說，凡事都可以找到解決方法，小女兒還年輕，就算不想當護理師，也可以協助她找到其他工作。

可是阿龍卻恍若未聞，只是繼續說：「我本想帶著小女兒一起自殺，但真的捨不得。」說著說著，阿龍又像平時在土雞城那樣開起玩笑，講完笑話，緊接著聊起許多往事，問了問大家好不好。最後他跟阿凱說：「跟你聊天心情真的好很多，明天下午小女兒要去醫院幫我領藥，你再來陪我說說話好嗎？」說完就把家中鑰匙塞在阿凱手裡，要他隔日直接開門進來。

阿凱聽了這話，寬心許多，覺得阿龍只是一時久病抑鬱，多聊聊，應該就沒事。可阿凱的媽媽聽到後卻不這麼認為，老人家直覺不對，堅持要阿凱多找個人，一起去看看阿龍。

一語成讖。

那天阿凱因為辦公室臨時有個緊急案件，所以我們晚了兩小時抵達。到了阿龍家時，只看到一具冷冰冰的屍體。阿龍的女兒正在哭泣，而旁邊一臉茫然的，則是經常來接送阿龍的計程車司機。

先抵達的警察跟阿凱說，阿龍在住所外的樓梯間上吊自殺，女兒搭車返家時，看到懸空吊在樓梯間上的父親，趕忙請計程車司機下來幫忙。可惜把父親從繩索上解下來時，他只是深深吐了一口氣，接著就斷氣了。

阿龍可能是不想讓房子變成凶宅，不好留給女兒，所以即使眼盲了也要摸黑走出門外尋死。

我們看著阿龍，心中有說不出的酸楚，也想起了他之前在土雞城半開玩笑的遺願。如今，這或許是我們唯一能幫他做的事了。

在這之前，我們從來都沒想過，自己竟會有送朋友的一天。也是到了喪禮那天，我們才得知，愛面子的阿龍，為了不讓別人知道自己有多麼落魄，始終隱瞞著，所以親人一直不知道他過得不好，在他死後，紛紛蜂擁而來，想要分一杯羹。甚至當他們發現阿龍連喪事都辦不起，需要公益團體免費協助時，還不以為然地說：「不可能，是詐騙吧。」直到阿龍的五叔，因為之前受過阿凱的幫助，站出來幫忙說話，跟親屬們解釋狀況，大家才接受。

不過，在看到親友們的反應後，也才能明白，阿龍為何後來變得如此多疑，為何最後一次在土雞城把酒言歡時，說著只有我們才是他可以信賴的朋友。

喪禮後，阿龍的小女兒把房子給賣了，拿了這筆錢，先後回到義竹阿嬤及埔里阿姨老家，一消失就是五年。再次聯繫時，卻又是聽到不幸的消息，她說自己罹患了糖尿病，想借筆錢，因為腳腫得厲害，已經不太能行走，希望阿凱送到她目前在中部的住所。阿凱把錢送到了之後，也鼓勵小女兒振作，但她拿到了錢，過不多久，隨即又無聲無息地消失了。

我們只能誠心祈禱，沒消息就是好消息，因為無所求，所以就不會出現。

一場送行的體悟：

事情過去都快十年了，如今想起阿龍，真的還是滿滿感慨！大富大貴需要命，但其實能夠平安就是一種福氣，所謂「人若無照甲子，天地就會無理」，其實就是要人守本分之意。人生本是有滋有味，珍惜擁有的，切莫因為揮霍，而變得如此毫無希望。

第22場送行

相愛夫妻不到頭

時間：2014~2017年

仲義來到協會的時候，引起了一陣騷動。辦公室裡的幾個志工都忍不住竊竊私語：「好有魅力的大叔，看起來好有氣質。」

氣質這種東西是很奇妙的，它並不像外貌，是外顯的，也無法靠塗脂抹粉，一下子就打造出來。氣質是一種時間累積所堆疊出來的、個人心性與外在表現的綜合體，也可以說是一個人內心本質的呈現。有些人家財萬貫，但氣質不一定會討人喜歡；也有些人過得清寒，可是卻散發迷人的氣息。

而仲義的氣質，一是來自於他年輕時是家境不錯的公子哥，二是加上早期做的是廣告導演，經歷與閱歷都與旁人不同，總地加起來，便有著與許多人不一樣的氣質。

第一次見到仲義是在他的家中。

當時我們隨資深志工李源祥去三芝山邊的屋子探望他及他的妻子，一進門，就被眼前的景象所吸引。房子雖然簡樸，但裡頭卻堆滿了書、門口種著花，還有幾隻流浪貓窩在門口曬太陽。他把手搭在包著頭巾的妻子子雲肩上，爽朗地笑著，頓時讓我們以為自己是到了什麼武俠小說裡，眼前彷彿是一對隱居山林的俠客夫妻。

只是，仔細一探，他們的生活顯然相當辛苦。裝潢很簡單，牆邊有壁癌，屋子會漏水，隱約帶著點霉味，多處是用木板搭著，若來個大颱風，隨時都有可能吹掉。

而他的妻子，隱藏在那頂像是造型的頭巾底下的，是因為化療已頭髮掉盡的頭。這也是我們來拜訪的原因。

造訪這天的目的，是為了送給她急難救助金，以及補充身體營養的安素，而原本躺在病榻上的子雲見我們來了，硬是拖著虛弱身軀爬起來道謝，我們連忙制止。

離開時，我們跟一同去的志工李源祥商量著：「等等車多轉個幾圈再回去吧。」因為看到子雲的狀況，我們很清楚，她的病況已很嚴重，需要讓仲義知道，要開始準備送子雲最後一程了。

外人都看得出來，夫妻倆鶼鰈情深。他們從相愛到相守，轉眼已超過四十年的光陰，也因如此，才能無論貧苦喜樂都互相扶持。其實他們兩人都是再婚，但膝下無子，只有彼此。

仲義有點害羞地說，自己工作不是很順遂，早期離開廣告導演這份工作之後，便轉開製鞋工廠，但沒幾年就倒閉了，又回去父親的開礦機器公司上班，算是「靠爸族」。只是隨著經濟不景氣，礦業逐漸沒落，父親的公司收了，接下來長達十年以上的時間，仲義都沒找到適合的工作。而那些年，都是靠活潑健談的妻子在外打拚，而他就肩負起照顧家裡、接送妻子的工作。

對他們而言，一起生活、共同經營這個家，才是最重要的，男女之間誰主內誰主外，沒什麼要緊。

日子就這樣安適地過了下去，一直到子雲六十九歲，年屆退休之際，兩人共同決議：「不如退休後，我們到山邊隱居吧。」

子雲一直都是在做看護的工作，所以並沒有優渥的退休金供兩人養老，雖然過得苦哈哈，但日子倒也開心無憂。兩人有著共同嗜好，也不太常吵架，最喜歡背著包包，四處遊山玩水，只要有彼此陪伴，就什麼都好。

只是怎麼也沒想到，本來兩個人是因為喜歡大自然，才決定隱居山林，於是跟親友借了這空屋，想要好好把這地方打理一番，安養天年。但才住不到半年，子雲卻發現罹患了胸腺癌。那些曾經編織的美好退休歲月想像，如今成為一次次殘酷的告別。

而隱居山林的美夢也造成了看診時的不便。子雲沒辦法再做看護，若要去看醫生，也只能搭計程車在三芝跟醫院來回，費用一天天累積下來，甚為可觀。即便兩人申請到了老人津貼跟低收入戶補助，這些錢都還是不夠用。

子雲住院的日子裡，仲義每天都會先走上二十分鐘的路之後，再轉搭公車前往，風雨無阻。護士總跟仲義說：「子雲在等你的時候，都會像少女一樣緊張，講起先生時還是一臉幸福，讓我們都好羨慕。」

他們兩人珍惜著相處的每一天。每一天，對他們而言都是珍貴的禮物。

日子不是不苦，而是這些苦，只要有對方陪伴，就沒那麼難熬了。

不過，與個性務實的子雲相比，天性比較浪漫的仲義，心裡其實一直都沒有做好子雲真的會離去的準備。

「在子雲要過世前，每天都纏著我、要我幫忙畫眉，甚至鬧脾氣。只是當時我覺得一個大男人，做這件事情實在太丟臉……」事後，仲義這樣回憶道。

可是子雲每天都在吵著，就是想做這件微不足道的小事。當時仲義還沒察覺，因為每次他去探病時，子雲總是笑嘻嘻的，雖然越來越瘦弱，但仲義總是安慰著自己，只要等治療結束，一切就恢復了。

可是事情偏偏不是這樣發展，無論再怎麼騙自己、再怎麼逃避，一起共同生活了四十幾年的夫妻，仲義不會對妻子病重的徵兆毫無所覺：每天沿著淡水河岸牽著子雲散步的時間越來越少，而她睡覺的時間卻越來越多。

終於有天，他完成了子雲的願望，幫她畫了眉毛。那天子雲笑得好開心，好像回到初相識時。她開心地跟護士說：「我先生終於完成我的願望了。」

「早知道她會這麼開心，我就不要跟她鬧脾氣，多畫幾次就好了啊！」仲義講到這裡，眼眶忍不住紅了。一個男人深情至此，我們在旁邊看了也為之動容。

畫眉之樂僅僅一天，子雲便知道大限將至。她叮嚀著仲義回家拿衣服，並清清楚楚、仔仔細細地告訴他每樣東西擺放的位置，她笑著嚷：「我要穿我最喜歡的那件粉紅色西裝，還要戴著帽子。」

拿了衣物回來之後，他們倆一起去了久違的海邊散步。微風細拂，海水湛藍，夕陽餘暉映照著兩個老人家攜手的背影，時間的沙漏彷彿也在這一刻靜止。這是最後一次散步了。

過沒幾天，子雲就走了。

子雲的喪禮以滿滿的白色花卉妝點，完全呈現了這對夫妻的浪漫個性。

少了子雲陪伴，仲義仍獨自住在三芝山上，每個月靠著老人津貼跟清寒補助過日。他的生活很簡單，每天就是看看書，想著子雲還在身邊。他的包包裡隨時都擺著一個保溫壺，那是子雲的保溫壺，光是這樣，他就感覺彷彿妻子仍舊隨時在側。

妻子的離開，當然讓先生很心痛，仲義也想過乾脆跟著她一走了之，但他也知道，若真的這麼做了，子雲是不會開心的。所以他很努力振作，讓自己好好地過日子。

「我能為她做的不多，這一生能遇到這個妻子，是老天給我最好的禮物，但我最難過的，是自己連個孩子都不能給她。」說到這裡，仲義又哭了。

聽到這句話，我們有些驚訝，本來初相識時，只是有點遺憾這對十分匹配的神仙眷侶膝下無子，但此時聽了他說的話才曉得，原來他們曾經是有過小孩的，但就在懷孕五個月的時候，不小心流掉了。因為當時失去孩子的心情太痛苦，妻子的身體也大受影響，後來他們便決定以後維持兩人世界就好，不要有孩子。兩個人，也是可以幸福圓滿一輩子。

說到這裡，仲義再度泣不成聲。為了緩和他的情緒，我們趕緊開口說：「可是，你也幫妻子完成了心願啊，你很厲害，幫太太找回了多年沒聯絡的子女，來做最後的道別。」

這一席話，讓悲傷的情緒稍微緩解了一些。眼看身旁的人看著自己流淚，仲義有些不好意思地笑了起來，可又像是想起了什麼好的回憶似的，本來緊皺的眉心，終於也微微舒展了。

「是啊，我太太說想要見到兩個孩子，但十幾年沒聯絡。不管怎麼樣，我就是想辦法找出來了。」他說。

當時仲義想方設法、處心積慮地透過各方管道，終於找到子雲跟前夫生的兩個小孩，到靈堂見母親最後一面。本以為會遇到許多波折，也許會被拒絕，但孩子們聽到消息之後，只是平靜地答應，決定要好好來跟母親道別。事後，子雲的孩子還對仲義說：

「謝謝你，這些年把媽媽照顧得那麼好。」

聽了這話，仲義百感交集。因為他始終覺得，自己才是被照顧呵護的那一方。我們鼓勵仲義有空多下山走走，有需要幫忙的地方，也可以隨時跟我們說，最後，謝謝他讓我們知道了世上有一個如此動人的愛情故事。

送走仲義後，看著他的背影，突然想起他曾講過的一句話：「從前看《浮生六夢》時，總是不解為何『相愛夫妻不到頭』？如今，我真的明白了。」

我們想，在仲義心中，子雲一定也如同林語堂在評《浮生六夢》作者筆下的妻子所寫的：「芸，我想，是中國文學史上最可愛的女人。」

子雲之於仲義，必定是這世界上，最可愛，最不可取代的女人。

一場送行的體悟：

在這報章雜誌充斥了各種劈腿、小三、婚變、情殺等讓人感慨感情越來越難維持的世代，仲義跟子雲的感情更是難得。無論在怎樣的環境下，都遵守著「我願對你承諾，從今天開始，無論是順境或是逆境，富有或貧窮，健康或疾病，我將永遠愛你、珍惜你直到地老天長。」的婚誓，這樣的真情，值得每個人學習。

若有朝一日，其中一方先走了，為了對方好好活下去，那才是真正的真摯感情，才是真的珍惜所愛之人表現。

第23場送行

人生逆境勝利組

時間：2011~2016年

「如果人生可以重來，你會怎麼做？」很多歐美電影，時常會丟出這個主題。在電影中，把原本可以美好的人生過得一塌糊塗的男主角，如再重新回歸年少時代，總能做出新的選擇，最終更懂得去珍惜、去愛。

但，現實生活中，能重新選擇的機會實在太少。而且，人們往往也不懂得珍惜這個重新選擇的機會，不明白它的珍貴之處，正是代表了一個腳踏實地、奮力向前的契機；反而是把它看作「放手一搏」的梭哈，結果往往生活的重擔加劇，更是無法挽回。

在我們經手的個案中，很多人的心態都是如此。而在這樣的情形下，通常最大的元兇就是「想發財」。有的是被公司裁員隱瞞家人，想靠發財翻身；有的則是玩股票遇到金融風暴，想要東山再起，也就是故事中的這位，翁先生。

翁先生，與其他的白領淘金客不太一樣的地方在於，他其實原先在好山好水的花東，過著還不錯的生活。他的父親是檳榔批發商，利潤不錯，賺了些錢，畢業後他也就繼續繼承家業，跟老婆一起打拚。假如本來就這樣好好過日子，一家五口也能擁有愜意幸福的人生。可惜，本來只需要保持好父親打下的江山，他卻放著穩定的工作不做，聽信朋友建言說不要只是當批發商，直接涉入生產，可以做更大、賺更多錢。於是他在隔年投入積蓄，於花蓮縣光復鄉租了近十甲的山坡地種植檳榔，還請了二十四小時警衛來顧檳榔防止他人盜採。

不過防不勝防，十甲地這麼大，即便隨時有人顧，還是無法防阻宵小。再者，在投資檳榔耕種事業時，他也沒做好環境評估的功課。其實花東地區長期因為不肖商人謀取檳榔生意的暴利，山坡地過度開發，水土保持狀況已經逐年變差。檳榔樹的抓地力低，往往颱風一來，就很容易造成土石流的災害，不但危害了周遭生態環境，也會造成莫大的經濟損失。就在投資檳榔樹耕種的第二年，一場颱風將整座檳榔田一掃而空，讓翁先生包含之前遭受盜採的損失，一共虧了六百萬。

但那並未制止他想東山再起的執念，那次的颱風，周遭的朋友始終安慰他說只是運氣不好，他未曾真心去思考，這些損失背後的原因究竟是為什麼。才兩年的光景，區區一場颱風，就毀了整個檳榔田。於是在一九九九年，他拜託妻子去跟娘家還有朋友再借了兩百多萬元，租了兩三甲的山坡地，再次投資檳榔耕種，並加強人手巡視。加強人手防堵的部分他做得很好，於是檳榔樹沒有再被盜採了，他心裡盤算著，這次肯定可以翻身。

但他錯想了一件事。嚴格來說，也不是錯想，而是他根本從未想過。上次颱風襲捲檳榔田，並非只是運氣不好的單一事件，而是濫砍濫伐，不顧環境任意種植檳榔樹，已被大自然反撲，是必然的結果。這就跟想要投資玩股票或基金的人一樣，不去研究產品本身的優劣好壞，而只是一味地經由大家介紹、盲目跟風向，最後就是會賠錢，兩者道理是一樣的。

二〇〇一年納莉颱風來襲，再次摧毀了他的檳榔田。這次他不但沒有翻身，反而被打落谷底。好在因為都是親友金援，還不至於面臨被銀行追債，甚至是被地下錢莊逼債導致家破人亡的悲劇。於是他們舉家搬上台北，到汐止租屋，一開始先開檳榔攤為生，後來為了有更多的錢可以負擔家計，翁先生就成了專職貨運司機，南北兩地跑，尚可糊口過日子。

其實不能怪翁先生懷抱發財夢，總急著想要替家裡賺大錢，因為他有個患了罕見疾病的大女兒小茹。一九九八年，小茹六歲時，被發現有肌肉萎縮問題、皮膚出現斑點，而且沒有毛細孔，當時他們帶著女兒跑遍了各大醫院，經診治後，確診為罹患「全身性硬化症」。這個罕見疾病造成他的女兒不少身體負擔，從小就必須吃類固醇，小學二年級隨著家人搬到台北時，不但因為吃藥變胖、容易打瞌睡、注意力不集中無法跟上學習，心理也受了影響，家人不但肩負著龐大債務，還要帶著女兒四處去看病。

原本醫生的建議是，國中轉骨（轉大人）時自己可以產生自體免疫，或許能夠緩和病情，但事與願違，到了國中時，再次檢查，發現她的骨頭裡面還是空的，沒有長骨髓，後來去醫院開刀，也是失敗。

不過，小茹並沒有因此對人生投降，她遺傳了爸爸面對人生逆境東山再起的意志力，童年生活經歷也讓她更腳踏實地。她克服了類固醇在她學習上所造成的障礙，從高職插班，考上了大學。翁家另外兩個小孩，二弟跟小妹，也穩紮穩打地分別在師大跟復興美工念書，表現都很好，都曾經拿到獎學金跟交換學生補助，前程似錦。

只是，上天還是再給了他們一次考驗。又或者，這是某種人生揮霍到極致之後，最終必須付出的帳單。二〇一一年，翁先生因為長期牙痛去牙科就診，連拔了兩顆牙後，傷口始終未能癒合，再去大醫院檢查，發現是罹患了口腔癌第四期。

他的疾病，讓他沒辦法目睹小孩們有更好的發展；他的疾病，讓他失去了工作能力，如今只能靠妻子在檳榔攤的收入、加上女兒的傷殘補助，一個月兩萬多元，供全家過日子。醫院社工看到他們這樣生活，很不忍心，多方給予協助。

老天或許被他兒女那份從逆境往上游的心所感動，在二〇一三年開啟了一扇希望之窗給他們。一次報紙的採訪，讓彩券得主看到了翁先生一家人的困境。在這份報導中，大女兒表明畢業後希望能考上公職，以幫助家中經濟；二兒子雖然在師大讀到大二了，但想要轉學插班去警大，這樣畢業後就能保證就業；十七歲的小女兒就讀復興美工，她坦率地表示，雖然很羨慕同學擁有筆電或高級畫具，但她也知道因為學畫的關係，全家就屬她的開銷最大，所以她也告訴自己不要胡思亂想、不要比較，只要有放假有時間，就會去麵攤幫助媽媽打工，貼補家用。

這位台彩頭獎得主看到新聞時，感動極了，連忙請朋友算了算，如果要供這三位孩子念到大學畢業，需要多少錢，之後便請台彩公司的人代捐了五十萬元到翁先生的戶頭裡。

可惜的是，這扇善意之窗，最後還是被「想賺錢的心」給趁虛而入。當五十萬轉進翁先生戶頭時，尚未到三個小孩需要繳學費的時候，再者，一家人平日都忙著打工賺錢跟念書，三個小孩平日不但有領清寒補助，也有在學校打工賺錢，所以他們並未急著動用這筆錢。

直到翁先生過世時，家人才發現，原來，他又把這五十萬拿去玩股票了！他往生之後，證券行的營業員找上翁太太，說她先生不但賠掉了這五十萬元，還要另外再付給證券公司八萬元，這時翁太太才恍然大悟，原來之前先生住院期間總是對著電腦敲敲打打，不是在打電動，也不是在學習什麼網路新知，而是在忙著下單！

可翁先生一家人感情甚篤，這充滿愛與善的一家人，對於父親的舉動，不但沒有怪罪，反而還說，其實父親只是想要幫助大家多留一點錢，才出此下策。至於這五十萬元，本來就是善款，也不是他們賺來的，就當作沒這福份吧。

不僅如此，甚至到了告別式那天，小茹才吐露，其實當天跟她要考公務員普考的日子撞期了，但為了好好與父親告別，她決定放棄考試。

我們聽到了，真是萬分心疼。其實，如果早點跟我們說，改期是絕對沒問題。在我們眼中，只要有著善心，日日是好日，時時是好時，並不會堅持特別要選定哪天才能辦喪事。但小茹說，已經麻煩我們很多了，她覺得既然都是安排好的，沒有關係，考試再考就好。

她說得這麼輕描淡寫，但我們都知道，公務員普考的錄取率很低，仍是心疼不已。但或許正因為她這份為眾人著想的心，半年後，她考上了錄取率更低的高考，獲得了更好的薪水跟職等！這一切在在都證明了，懂得感激福報、腳踏實地，不向命運低頭的人，上蒼會給她更好的恩典，去面對人生每一刻。

如今，之前欠給證券行的八萬元債務，在每個月三千元的分期下，已經還完。而積欠親友部分，由於他們一家如此辛苦，親友也沒有太逼迫他們，希望他們能早點自立、過著穩定的日子，再來思考債務如何償還。

大姐有了好工作後，翁媽媽仍舊在麵攤跟檳榔攤兼差打工，而二弟跟小妹，正在努力完成最後的學業，想要趕緊分攤家中的經濟。

父親的早逝（四十八歲過世）並沒有擊潰這家人，反而，讓他們更有著無堅不摧的凝聚力。

一場送行的體悟：

這家人真的是人生逆境勝利組，他們用正面的角度看待父親的發財夢，積極向上地過著穩定的人生。正如俗話說，你要墮落，神仙也救不了；你要成長，絕處也能逢生。人生，就是一場自己與自己的較量，心態正確，則快樂打敗憂鬱，勤奮打敗懶惰。這則故事才是所謂東山再起跟谷底翻身，最值得參考的範例。

第24場送行

信念的奇蹟

時間：2017年

「人有善願，天必從之。」認識阿宏後，這是他老掛在口中的一句話。

其實阿宏從來都沒有過過優渥的生活，甚至可以說，自小開始，他的日子就幾乎都是在困苦中度過，一直到成年後仍是！然而越是這樣，反而越教他更加相信信念的重要。即使日後，他自己的孩子是個自閉兒、日子困窘，他也仍然相信，信念可以改變一切。

有時候我們會想，或許就是因為這樣簡單的心情，讓阿宏可以把再苦的日子都過得知足。

阿宏從小是在現在人人稱羨的陽明山上長大，只不過當時周遭環境尚未開發，一棟棟的豪宅還沒蓋起，他與五個兄弟姊妹及母親所居住的地方，也不過只是座落於山邊的一棟簡陋鐵皮屋而已。

阿宏爸爸平日靠打零工為生，住家旁邊則加減種了一些蕃薯、青菜，也算是靠天吃飯，冬天時收成了長年菜便下山去賣，全家有一餐沒一餐。

我們曾問阿宏：「家裡這麼辛苦，怎麼父親不去尋求幫助？」但他只是搖了搖頭說：「爸爸太愛面子，不肯申請低收入戶，寧可自己餓死了，也不想被人同情。」

多少年來，我們聽過無數個寧願日子無以為繼，也不願被貼上窮困標籤的例子。他們的不求助是一種逃避，好讓自己可以不用面對自身困窘的境遇，但只要一旦被他人認證了是需要幫助的族群後，就必須真的得要面對事實了。

只是，這樣好面子的父親，就在某一年冬天外出採年菜時，因為天雨路滑而摔倒，沒多久後就過世了。

走之前，父親最掛念就是阿宏，因為他在學校不愛念書，總是很皮，之後休學出去工作，也總是持續不了多久。在以前那個時代，當計程車司機還能賺不少錢，因此父親總是要他去學開車，希望他能有個一技之長。

也許是爸爸往生前的願望，也許是他對於家人的虧欠，讓他興起了也想要好好扶養媽媽的心情，阿宏說，願望實現了，他真的遇到了貴人教他開車，在後來的幾年，也有著穩定的生活。信念，就是他的一切。

日子就這樣過了幾年，雖然隨著台灣經濟起落，阿宏的計程車生意沒有以前那麼好了，但不變的是，只要一有空，他就會回去看看母親、聊聊天，希望多陪陪媽媽。

雖然母子倆有時候會鬥嘴，媽媽也總是喜歡叨唸他，但阿宏始終覺得這才是媽媽的陪伴，也是一種幸福。他與媽媽的感情始終深厚，在五個孩子中，媽媽也幾乎都是由他一人在照顧。

誰知道好日子不長，就在幾年前，媽媽被診斷出罹患了腎臟癌，沒剩多少時間，醫師說，不超過兩年。

信仰虔誠的阿宏聽了，無法置信，明明眼前的媽媽都還好好的，怎麼會這樣？立即去了他常去的行天宮拜拜，祈求神明能夠再給他五年的時間照顧母親，他還想要對母親盡孝道，報答養育之恩。或許是孝心感動天，也或許是奇蹟，也或許是單純的心理影響生理使然，阿宏真的又陪伴照顧了母親五年。

這五年的日子，雖然經濟狀況沒有好轉，但也算是平順安寧。說來奇怪，可能真是冥冥中的安排，即使在病中，阿宏母親的身體也一直都算強健，不像是罹癌病患，更沒太多刻骨的病痛折磨。

我們問阿宏說：「你母親走的最後那段日子裡，有受很多苦嗎？」阿宏答：「真的是上天福澤，母親是有天早上在家用餐後，去了洗手間，在馬桶上昏迷的。她沒受多少苦，就走完這最後一程了。」說到此處，他除了感激，還是感激。

此時阿宏像是想起了什麼事一樣，又說：「媽媽走了後，上蒼又給了我另外一個奇蹟。」我們反問：「是什麼？」阿宏笑著回答：「就是你們啊，善願出現了。」

原來，母親離世後，兄弟姊妹對此事都表現得很冷漠，而自己又需要扶養家中兩個孩子，並沒有能力處理母親的喪事。當時他心中真的很難過著急，於是又去行天宮拜拜，暗自向上天祈禱，希望有人可以協助他解決這個問題。阿宏當時本來並不知道有機構在提供免費殯葬服務，但就在他求助無門的時候，社工告知了有這樣的慈善團體存在。

阿宏說，也許他這一生都沒有大富大貴，但每次只要向上天祈求，永遠都能化險為夷。「這一切，都是因為信念的緣故。」說這句話的時候，他的眼神閃耀著光采，即使當年他是獨自一人照顧生病的母親，但他仍舊覺得這是自己的福報。

而在母親辭世後，阿宏仍一直惦記著要給我們回饋。因為他知道，他的一生若不是因為有這些貴人相助，就沒辦法安然度過這麼多困難。對此，他始終滿懷著感恩的心情。

可是看著阿宏那張真摯的臉，我們突然覺得，這一切，其實都是因為他面對困難的態度，才讓他總能化險為夷。信念，才是關鍵。而阿宏的信念，是來自於他對人的信心。或許，這才是善的源頭，而社會也是因為如此，才能夠有更多的善心與善行，不斷地循環運作。

一場送行的體悟：

分析心理學創始者榮格曾說過一句話：「性格決定命運。」我們也深表認同。身而為人，不能選擇自己的出生與父母，但卻能選擇面對困境時的態度，這也是多年以來，我們發現一個人能不能夠度過難關的重要關鍵。

好的信念，是開啟逆流變順流最好的一把鑰匙，而阿宏的態度，正是最好的註解。

第25場送行

重生

時間：2011～2013年

因為從事社會救助的關係，接觸到的個案，大多都是清寒家庭。然而這些家庭到底是怎麼產生的呢？這些年下來，從我們接觸的案例中來歸納，總的來說，大概有三個原因：

第一個是原生家庭本身經濟壓力就很重，是原罪，也是非戰之罪；第二個則是大環境使然，在泡沫經濟時期，因為貪念或時運不濟而導致出現財務黑洞的家庭；而第三個，則是因為家人患病需要龐大的醫療費，或者頓失家庭支柱，讓原本和樂安穩的家庭，一夕之間瞬間瓦解。

早期台灣人的保險觀念尚有不足，人們不常居安思危，很少想到疾病將在什麼時候帶來威脅，以及後續可能產生的蝴蝶效應，甚至到最後所釀成更大的災難，就像小蘭這一家。

小蘭的先生原本是位記者，但突然在二〇〇一年時發現罹患腦部腫瘤，不得不離開原先喜愛的工作崗位，轉而擔任大樓警衛工作。但他又在工作時癲癇發作，丟了頭路，導致身為家中經濟支柱的他，連這份可以賴以維生的工作都失去。

失業了，既不敢向家人說，又捨不得放棄現在的房子，於是開始走上借貸的不歸路。他接連用了信用卡與十幾家銀行申請貸款，又跟地下錢莊借錢，再每個月假裝帶薪水回家，同一時期也試圖用股票挽回頹勢，就這樣，一瞞就是四、五年的時間，而家人絲毫未曾察覺。

當然，這樣借錢還錢的方式，不太可能解決家中困境，累積到了最後，反而釀成高達五百萬的負債。而這龐大的資金缺口，是直到先生病倒住院時，小蘭才發現的。

而在更深入了解後，我們多少也可以理解小蘭先生的作為，其實是他試圖「體貼」。因為小蘭本身患有恐慌症，再加上多年前亦曾罹患乳癌，又有三位在學校成績優異的資優生兒子要撫養，再不用多久就畢業了，此時的他萬萬不能倒下！

「只要再熬一下，讓小孩都開始工作之後，家中的困境就可以解決。」或許他心中就是這樣盤算。

只是，不勇敢面對問題，總有一天，問題會用最殘忍的方式爆裂開來。

當小蘭得知了先生財務困境時，他們所住的房子已被查封，銀行與地下錢莊也都紛紛找上門。

小蘭試圖跟婆婆求助，但多年來向來疏遠的他們，只獲得婆婆一句冷言冷語說：「妳是不會把口紅畫一畫去萬華『上班』？叫小孩去做麵包學徒，不要念書了啊！」雖然口氣輕輕的，但語氣裡盡是輕蔑，說得不痛不癢，卻是在嘲諷自己的疾病與小孩會讀書但沒有生產力。

對於自己的孩子生病如此不以為然、對於自己的孫子如此殘忍，讓本就罹患恐慌症的小蘭，精神更加不穩、對人性更加絕望。

四處求助未果，她眼睜睜地看著屋子貼上了法院查封的封條，錢莊也一再上門，恐嚇要破門搬光東西……小蘭不敢接電話、不敢開門，深怕一旦踏出家門，回來便一無所有，或是根本就再也無法進門來了！

有人說病久了，人會「久病厭世」，周遭親友則是「久病無孝子」，但實際遭遇之後，小蘭更覺得自己是「久病失志」，消耗的是心，完全會讓人放棄求生意志。

想起龐大債務、婆婆羞辱，以及病榻上需要長期照護的先生，本來就比較容易產生負面思考的小蘭，在巨大壓力下，開始覺得這一切都是命運的安排，埋怨與抱怨都於事無補，不如直接離開這個世界，乾脆帶著三個孩子燒炭自殺。

幸好上蒼保佑，當天鄰居聞到了異味，趕忙報警，才讓小蘭跟三個小孩獲救。或許小蘭想得沒錯，這一切都是命運的安排，就如同她與三個孩子命不該絕一樣。而在這次獲救之後，事情也開始出現了轉機，開始往好的方向走。小蘭轉了念，覺得老天既然給了她再一次的機會，就好好把握。

她打起精神來幫人洗碗、包水餃、撿拾回收物，兼三份工。至於還在念書的孩子們，平日也半工半讀，協力負擔債務，不讓媽媽獨力承擔，一家子共同面對這可能至少十年才能還清的債務。同時，一些社福機構也開始介入協助了，除此之外，也幫忙跟信用卡公司談判協商可行的償還方式。

小蘭是個很有志氣的人，即便幾年後先生過世了，她也沒選擇拋棄繼承，而是認為雖然是以丈夫名義去借款，但畢竟是給一家人花用的，他們便有責任承擔。

而這樣堅毅、有勇氣的精神更是感染了我們，讓我們在喪禮後持續後續協助。善願的志工們幫小孩集資籌到了註冊費，一路贊助到其中兩位兒子台大研究所畢業為止。

我們常鼓勵她說：「母親是孩子的依靠，孩子是母親的驕傲。妳的三個兒子都那麼優秀，要更有信心，不要被過去的挫折打敗。」

也因如此，在我們的鼓勵下，她也接受了新聞採訪，目的是希望藉由她的案例，替所有在生命中遇到相同困難的人加油打氣。

在這之後，我們特別創辦了「懷望獎」，期許能藉由這個獎項，讓她不要再那麼懼怕陌生人跟環境，也讓大家知道，人的生命是很有韌性的，不會輕易地被生活打倒。就如同他們一家人一樣，能有如浴火鳳凰，不但能重生，還可以越來越往好的方向前進。

現在小蘭再回想時，時常會覺得當時自殺的決定真是太傻。醫生曾經說過，他們運氣很好，當時若再多拖一分鐘，三個孩子就會回天乏術，而小蘭的腦部也會受損。

她很懊悔地說，事後她確實也發現小孩腦部有受損跡象，背書比較容易忘，老大還多讀了一年的書才畢業，真的很對不起他們。

離小蘭受訪七年過去了，如今她的三個兒子，都已經在職場上打拚。兩位在大陸工作，一位在台灣擔任會計師，而原本預計要十多年才能償還的債務，在一家人的同心協力下，都已提早還清。小蘭很替這三個孩子感到欣慰。

而我們對於這一家人的協助，也終於可以畫下句點。看到這樣的結局，我們知道，一切都很值得。看著他們一家人步上軌道了、重新振作，如此正向積極，饒是我們這二十多年來幫助了不知多少清貧家庭，仍撼動了我們每一個人，也慶幸著上蒼安排我們與小蘭母子相遇，得以把這樣勵志的案例傳遞給每一個人。

我們相信這家人的未來充滿希望，漸入佳境，當年五十五歲就已經白髮蒼蒼的小蘭，今後每踏出一步，都可以帶著幸福的微笑生活著。

一場送行的體悟：

這幾年台灣自殺人口節節攀升，被身心疾病、憂鬱症、恐慌症等困擾的人越來越多，是一個需要正視的問題。

尤其是在這媒體嗜血的年代，對罹患類似病症的患者所呈現的報導，是加倍不友善，而小蘭一家人的故事，恰巧就是讓人對未來不要輕易失望並開展希望，很重要的一堂課。

第26場送行

第二個家

時間：2017年

來自日本的渡邊先生是個永遠都打扮乾淨、有禮貌的人，頭髮梳得服服貼貼，指甲剪得乾乾淨淨，應該是擔任廚師多年的關係吧。他的嗓門有點大，但說話卻是極為客氣，像是怕說漏了些什麼似的，當我們問他問題時，他也總是講得很仔細。

渡邊先生跟他的台灣妻子共同生活了三十幾年，七十幾歲的他，一生起起伏伏，店開店關。他會煩惱地說：「不知道為什麼，也沒亂花錢，怎麼最後會這樣需要大家幫忙。」但其實我們也知道，原因很單純，就是因為身邊的牽手生病了，持家的人少了理家的伴，於是生活就陷入了混亂。

其實，渡邊的一生過得跟許多人不一樣，就連現在陪伴在他身邊的孫女，也是實際上與他沒有血緣關係的。

他原本是位廚師，但在三十幾歲時，遇到了因為離婚到日本旅行散心的芳姬，初次相見，兩人並沒有特別的好感，卻在之後再次巧遇，約喝咖啡，這一喝卻喝出了真感情，之後芳姬便落腳在日本，開始跟渡邊同居起來。一開始是因為離開婚姻而出國，但沒想到找到了另一個春天。

一開始，芳姬是台灣日本兩邊飛，後來因為也捨不得彼此，再加上機票貴，芳姬開始非法居留在日本，不回台灣了，只是畢竟是不合法律之舉，越是待著，越覺得良心不安。不過由於感情深厚，兩個人一想，乾脆索性就去登記結婚，也省得夜長夢多。

只是感情再好，時間久了，芳姬也會想念台灣！疼愛妻子的渡邊便一口應允說：「我們回台灣看看吧！」

其實渡邊自己對於台灣也有嚮往，他從小就被親生父親遺棄，由外公領養，而外公在從軍時曾經待過菲律賓跟台灣，在年紀還小的時候，渡邊就聽過外公講過好幾次台灣的友善，讓他對於這塊土地也產生了好奇。

也許是年少的勇氣，帶著點錢，他就在台北找了個地方安頓下來，至於工作呢？也就是芳姬攤開報紙廣告一則一則地找，最後看到日語中心在徵人，渡邊就去上班了。當時，芳姬是家庭主婦，渡邊是日文老師。

只是，做廚師做習慣的渡邊哪裡受得了補習班的拘謹，教書教了三年也實在氣悶了，終究還是找了個林森北路居酒屋的廚師工作，做回老本行。居酒屋老闆是北海道人，相處起來倒也順利。然而在二十年前，台灣的法律是規定日本人無法擁有工作證的，即便是跟台灣人結了婚，仍然不能工作，於是某日渡邊就被警察給抓了，在拘留所待了整整兩天。

芳姬四處奔走，去找人把渡邊救了出來，之後便想著這樣不是辦法，也一邊思考著可以讓渡邊落地生根、好好工作的法子，直到十五年前才終於安頓下來，開了間小店。

這些日子以來，他們的生活倒也順遂，一起開店、一起工作，夫唱婦隨。但隨著日商漸漸轉移至大陸，渡邊的小店生意也逐漸變差，終於有天捱不住了，他收掉了店面，又回去當別人餐廳的廚師去，只是工作仍是不穩定。

某日，芳姬接到了與前夫所生的兒子來電，電話那頭說著：「女兒還小，想請你們回來幫忙顧小孩。」

當時芳姬心想，既然台北工作不順利，那搬去台中看看好了，搞不好會有新的轉機。只是才沒住幾天，渡邊就說不習慣，還是想回台北碰運氣，於是便又獨自回到了台北。

在台中的芳姬雖然忙著帶孫，被小孩佔去了大半時間，但渡邊不在身邊，過沒多久，也開始想著要回台北。只是沒想到此時兒子卻說：「那妳先帶著孫女一起回台北吧，過陣子再看看要怎麼辦，我一有空就會上去。」

怎樣也沒想到，當時兒子口中說的「過陣子」，卻成了永遠，孫女小愛再也沒離開過。

渡邊說：「芳姬的兒子根本就不想要小孩，這對夫妻啊，生了小孩就往外丟。但我覺得沒關係，血緣對我來說沒那麼重要，緣分比較重要啦，我自己也是被親生父親拋棄，丟給外公養大的。再說小愛這麼可愛，把她養大當然沒問題。」

於是，渡邊、芳姬、小愛，這奇妙的祖孫三人，就這樣一起共同生活了十幾年，日子也過得平安恬靜。

只是好景不長，好不容易再次存了點錢要與人合夥開店，但錢投資下去，裝潢到一半，投資人卻跑了，等於一切都丟到水裡，一切又歸零。

這也就是為什麼，即便有一技之長，但在芳姬走的時候，渡邊仍得要靠著外界的幫忙，才能完成後事。

我們會遇到他，也是一個意外。本來芳姬跟渡邊商量好，決定走的時候要把大體捐給醫院當大體老師，生不帶來死不帶去，好好過完今生比較重要。當初兩人都同意這件事，甚至渡邊自己也跟著一起簽了捐贈卡。

不過在把遺體送去醫院那天，卻遇到大雨坍方、無法前進，等道路通了之後，醫院婉轉表示，大體新鮮度不足，已經無法捐贈，只好原路返回。

這時候，孫女小愛在凌晨兩點半撥了通電話給我們，而渡邊先生則幫妻子選擇了花葬。

我們幫芳姬安排了簡單隆重的告別式，而就在喪禮過後沒多久，渡邊也放棄了他的日本籍，拿到了台灣的身分證。

我們問他：「已經來台灣好幾十年了，為什麼現在才想到要辦？」

他說：「以前是依親，覺得沒什麼問題，反正兩邊的身分都有，也滿好的。但太太生病沒多久，就叮嚀著我記得要申請身分證。我心想反正也沒有打算要回日本了，希望能在台灣終老。」他對台灣早有了深厚的感情，不僅有著自己的朋友圈，更有一個雖然沒有血緣關係，但卻很親的孫女小愛。

即便七十幾歲了，渡邊還是有著他的廚師夢，沒事也仍想要站在廚房大展身手。雖然沒有了芳姫的日子會有點寂寞，但我們也相信，他在廚房的身影，是芳姫也樂見的吧。

一場送行的體悟：

渡邊先生因愛情跟長輩關係，種下了對台灣的緣分，在此落地生根，跟小愛之間的祖孫情也讓他更想留下。他們或許不是我們傳統認知的家庭，更沒有血緣關係，但彼此之間的感情卻非常深厚。每個家庭的組合都不同，但在他們身上，我們看到一個完美的家其實可以有很多樣貌，最重要的是互相扶持的心意。因為努力了，付出了，任何絕處也能逢生，也會遇見更好的自己。

第27場送行

牽手

時間：2014年

阿福坐在會議室裡，被夏日太陽曬得暈乎乎的他，拿著一根髮夾、上面掛著條線，叫大家猜猜要如何把它解出來。

這是他新學會的魔術，說是前幾天去參加活動時，別人教他的。我們一群人圍著猜了半天都說不出個所以然，他笑得有些靦腆，又帶著點得意。這就是他，樂觀善良，彷彿疲憊都不存在。

他，是專門負責協助樹葬的志工服務人員，近年來，協會多數的樹葬跟花葬委託，都是由他護送上山。阿福平日的工作是計程車司機，有一對孝順的兒女，兒子已經退伍、從事表演活動，女兒則已經畢業，在從事網拍工作。之前讓國人震驚與心痛不已的八仙粉塵爆炸案，發生的當下，他女兒也在舞台現場，碰巧因為陪同學至洗手間，躲過了一劫。

當時，古意的阿福，直說：「這一切都是福報！」

阿福，原先也是我們的「客戶」。有時我們會想，若每一個需要求助的個案，都是經由協助後而能變得更好，把我們的協助當作是一個服務，從這個角度來看，阿福就是我們的「客戶」。

阿福的妻子是位漸凍人。

「我的太太，在健康的時候，是一個個性謹慎、持家有方，做什麼事情都要一筆筆記錄下來，凡事都要照著規矩走，很嚴謹的人。」阿福總是這樣說。

也是他的妻子在臨終前透過社工委任家人，找上了我們，才有接下來的緣分。

阿福跟妻子秀枝是在救國團的英文課裡頭認識，「雖然大家都是去學習，但班上的老師，認為這也是單身男女互相認識的好機會，所以常常熱心作媒，幫大家分組配對。不過我跟秀枝，可不是一開始就定好的『班對』，本來我是跟另個女同學一組，也私底下出去了幾次，可就是差了那臨門一腳。」阿福靦腆地笑說。

緣分這種事就是上天之謎，不是誰配好了就一定跟誰。幾年後一次因緣際會下，老同學們打算開場同學會，委任他當聯繫人，就這樣，他跟秀枝重逢了。

問阿福是一開始就喜歡上秀枝，或者還是秀枝其實偷偷對他有好感？阿福說，都不是，其實丈母娘才是真正的推手。

當時因為同學會事宜，阿福去拜訪了秀枝。秀枝的母親一看阿福就喜歡得不得了，一直鼓勵阿福去追秀枝。但固執的秀枝卻開心不起來，她始終在意著之前在班上與阿福約會的同學，覺得自己是排在後面的備胎，或者是甘願當人的「小三」；再來則是秀枝的堂哥始終不看好阿福，無形中也成了阻力。

所以剛開始時，秀枝可是給了阿福不少排頭，是阿福一再地保證自己真心不騙，最終才抱得美人歸。這些兩人戀愛時的小故事，每每在大家處理個案疲累不堪時，阿福就會拿出來聊聊，開開玩笑。

生活，總是要在苦日子裡找到樂趣，這也是我們多年來的心得。

婚後，阿福搬進了秀枝跟她母親的家。秀枝的媽媽經營著一家雜貨店，而她平日在堂哥的工廠裡幫忙，阿福則是擔任貨運司機，一家人生活也算安穩和樂。

兩人在民國一九八九年結婚，隔年長子就呱呱落地，可是在一九九一年的時候，某一天，秀枝正抱著兒子要餵奶，卻一個不小心差點把兒子給摔落在地，原因是左手腕無力。

接著，一次、兩次，左手無力的次數漸漸變多了，於是不得不就醫。當時醫生的診斷為「腕隧道症候群」，說是開刀完就會痊癒。秀枝的左手腕開了刀，但不過才隔幾年，連右手腕也開了刀。一直到民國一九九四年，女兒出生，秀枝的「小毛病」仍然沒有改善。對此也有朋友說，那只是孕後產生的一些變化，跟落髮或產後憂鬱一樣，過了就好了。

不過，情況不但沒有好，反而還越來越嚴重。

除了之前的偶爾手無力之外，秀枝開始無法提重物，同時也變得容易跌倒了，甚至每日例行的騎機車，也會因為無法控制自己的平衡而倒在路邊，原本偶一出現的症狀，漸漸成了常態。

從第一次差點把剛滿周歲沒多久的孩子摔落在地，時隔十年後，秀枝變得沒辦法拿鍋鏟、沒辦法抱小孩，最後連工廠的工作都無法勝任。

由於不信任動輒要人開刀的西醫，於是秀枝改看起沒有健保給付的昂貴中醫，雖然阿福的薪水不差，但兩個小孩的費用，再加上每個星期上千塊的藥費，也開始成了一大負擔。

那時，在民國七、八十年的台灣，不管問天問地、求神問卜，或是看遍中西醫，但都沒有人想到那是「運動神經元疾病」（motorneuron diseases），也就是如今我們熟知的「漸凍症」。

狀況日益嚴重，在好轉無望後，秀枝終於也放棄了看中醫，無論是中醫還是西醫，她都不再相信了。我們問阿福：「看病這些事，秀枝沒有問你的意見嗎？」他回說：「在這個家，我向來是負責執行，秀枝說什麼、我就去做，甚至有時連為什麼都不讓我多問呢。」他憨憨地笑著，倒也沒幾分埋怨。

一個老公能疼老婆到這程度，疼到萬事都聽老婆，我們在旁看了，也覺得沒幾人能做得到。

為了照顧秀枝，阿福決定放棄穩定底薪加獎金的貨運司機工作，改去開計程車。在這中間，本來也曾有大老闆找他去當私人司機，薪水不比坐辦公室的差，同事也鼓勵他接下，說老闆很大方，可阿福卻沒辦法，畢竟開計程車可以自主時間，配合照顧老婆，但當老闆的私人司機就是要配合老闆，幾乎全天待命，況且，也不能總把自己家裡狀況當理由，去跟老闆請假。

到了二〇〇五年，在長子十五歲時，秀枝被確診得了漸凍症，當時年紀也不過四十七歲。而從第一次的左手無力到確診，整整拖了十四年的時間。

當時她已經不是單純的容易跌倒、無法提重物，而是已經延伸到中期「逐漸無法走路、穿衣、洗澡、如廁、講話不清楚」的症狀了。我們簡直無法想像，像這樣個性嚴謹的人，當身體漸漸失去控制時，內心有多難受。

剛開始還好，雖然不能走，還可以坐在輪椅上，托了開計程車的福，時間上算是有彈性，阿福能夠每日照料太太的三餐。而兩個孩子也孝順，雖然在成長過程中，媽媽沒辦法像一般母親一樣做好滿桌菜餚照顧他們，卻也沒埋怨過。

「當電話響一聲時，就表示我要回家了；而假設有什麼原因，無法在約定好的時間內回去，電話則會響三聲。」到最後，阿福還與連電話都無法接聽的太太，建立起了聯繫的密碼。

但到了隔年兒子升上高中時，狀況每況愈下。家中的開銷越來越大，而坐著輪椅、穿著成人尿布的秀枝始終拒絕再去看診。兒子因為擔憂媽媽，家中也仰賴父親開車養活全家，於是休學了兩年，在家裡幫忙。

「我想，她那時候就已經決定想要早點離開這世界，不想拖累我們，所以才無論如何都不去看醫生吧。」講到這裡，阿福不免感慨。

漸凍症這種病，就是必須面臨身體逐漸衰退，日日凌遲，甚是連帶引發其他病症發作。一直到了二〇一〇年底，秀枝在阿福苦苦央求下，終於投降住院，當時她已經四肢癱瘓，必須插鼻胃管，膀胱也長了惡性腫瘤。

秀枝這一住院，就再也沒出來過，直到二〇一四年離世。

「那時我可是每天都住在呼吸照顧病房，比看護還專業。」阿福又露出那個像是變魔術成功的表情說著：「後來，只要有其他病患到呼吸照顧病房，護士都叫家屬先來請教我，說看護都沒有我細心。」

白天開計程車，晚上以醫院為家，整整住了兩年八個月。想來都覺得艱辛，但卻被阿福輕描淡寫地給帶過了。

秀枝走的那天是大年初一。她走的時候，阿福既難過，同時卻也替妻子高興——凡事都習慣要掌控得好好的她，終於可以自己做主了。但，他的「幕後軍師」一走，他真的六神無主了！

這些年來，他以照料妻子為主，剩餘有空的時間才出去開車，一天下來，賺不到幾百塊。雖然妻子有領重大傷病卡，但是健保再怎麼補助，也不會補助尿布營養品。兒女雖然孝順會打工，但那些錢也僅能顧好平日所需，阿福身上根本沒錢辦喪事，聽別人說，辦場體面的喪事，要價幾十萬，他根本一點辦法都沒有。

誰知道，秀枝連這件事都幫他安排好了。

大年初六，醫院的社工找上他，帶他來找我們。社工跟阿福說：「秀枝多年前曾聽過免費殯葬的服務，當時就已經跟二姊說好，若真有個萬一，請一定要找社工幫忙轉介。」

看來凡事無法自理的妻子，直至最後，還是家中最會打點的那個人。

喪禮那天，阿福滿滿感謝，他說：「我一定會好好回饋你們、回饋社會，謝謝你們幫忙。」

這些年來，類似的話聽多了，但能貫徹的其實不多，所以在當時我們也沒有放在心上，以為阿福那只是客氣話而已。沒想到才隔沒多久，他就來了協會當志工，直到現在，始終都沒有缺席過，甚至連他的女兒也是，只要有空，就會找時間來幫忙。

如今，阿福的兒子已經一邊在作表演工作，一邊為自己的夢想努力著，女兒也勤奮地開展網拍事業。問阿福：「還有想要再做些什麼嗎？」「這些年都在照顧妻子，幾乎都沒有自己的人生，但這樣就夠了。能回饋幫助他人，繼續住在原本的家，跟兒女還有丈母娘和樂相處，也夠了。」

看著他知足認真的模樣，我們也相信，阿福一家人的未來，會綻放快樂光芒的。

一場送行的體悟：

常有人說，患難見真情，現代男女在談戀愛時，總是強調要有多浪漫細心貼心，才是真正的愛，才是美好的感情。媒體上也常說著哪個男明星寵妻無極限，哪個女明星戴著多大的鑽戒，退居幕後，多麼幸福，但依我們看，阿福跟秀枝之間，那互相替對方著想的心，才是真正的「牽手」。

國家圖書館出版品預行編目資料

27場送行：無償安葬弱勢孤貧，從21年的告別裡學習最溫暖的人生功課／郭志祥、吳倪冬月作. -- 初版. -- 臺北市：麥田出版：家庭傳媒城邦分公司發行, 2018.07
面；　公分. --（不歸類；137）
ISBN 978-986-344-572-2（平裝）
1. 中華民國善願愛心協會　2. 善行　3. 殯葬
192.9　　107009831

不歸類137

27場送行

無償安葬弱勢孤貧，從21年的告別裡學習最溫暖的人生功課

作　　者／郭志祥　吳倪冬月
撰　　文／葉小歐
主　　編／林怡君
責 任 編 輯／賴逸娟　蔡錦豐

國 際 版 權／吳玲緯　蔡傳宜
行　　銷／艾青荷　蘇莞婷　黃家瑜
業　　務／李再星　陳玫潾　陳美燕　馮逸華
編 輯 總 監／劉麗真
總　經　理／陳逸瑛
發　行　人／涂玉雲
出　　版／麥田出版
10483臺北市民生東路二段141號5樓
電話：(886)2-2500-7696　傳真：(886)2-2500-1967
發　　行／英屬蓋曼群島商家庭傳媒股份有限公司城邦分公司
10483臺北市民生東路二段141號11樓
客服服務專線：(886) 2-2500-7718、2500-7719
24小時傳真服務：(886) 2-2500-1990、2500-1991
服務時間：週一至週五09:30-12:00．13:30-17:00
郵撥帳號：19863813　戶名：書虫股份有限公司
讀者服務信箱E-mail：service@readingclub.com.tw
麥 田 網 址／https://www.facebook.com/RyeField.Cite/
香港發行所／城邦（香港）出版集團有限公司
香港灣仔駱克道193號東超商業中心1樓
電話：(852)2508-6231　傳真：(852)2578-9337
E-mail：hkcite@biznetvigator.com
馬新發行所／城邦（馬新）出版集團【Cite(M) Sdn. Bhd. (458372U)】
41, Jalan Radin Anum, Bandar Baru Sri Petaling, 57000 Kuala Lumpur, Malaysia.
電話：(603)9057-8822　傳真：(603)9057-6622
電郵：cite@cite.com.my

封 面 設 計／兒日設計
印　　刷／中原造像股份有限公司

■2018年6月　初版一刷
■2023年4月　初版七刷

定價：300元

ISBN 978-986-344-572-2